『十三五』國家重點圖書出版規劃項目

燕軺筆錄

（越南阮朝）阮思僩　撰　何仟年　點校

古絲路漢文行記整理叢刊

董志翹　李勇先　萬明　江慶柏　總主編

第一輯

南京師範大學出版社

圖書在版編目(CIP)數據

燕軺筆録 /（越）阮思僩撰 ；何仟年點校. 一南京：南京師範大學出版社，2021.6
（古絲路漢文行記整理叢刊/董志翹等總主編）
ISBN 978－7－5651－4784－5

Ⅰ. ①燕…　Ⅱ. ①阮…　②何…　Ⅲ. ①中越關係一國際關係史一研究一清代　Ⅳ. ①D829.333

中國版本圖書館 CIP 數據核字(2020)第 261147 號

書　　名	燕軺筆録
叢 書 名	古絲路漢文行記整理叢刊
撰　　者	(越南阮朝)阮思僩
點　　校	何仟年
封面題簽	王　爲
策　　劃	崔　蘭
責任編輯	李叢竹
出版發行	南京師範大學出版社
地　　址	江蘇省南京市玄武區後宰門西村 9 號(郵編:210016)
電　　話	(025)83598919(總編辦)　83598412(營銷部) 83373872(郵購部)
網　　址	http://press.njnu.edu.cn
電子信箱	nspzbb@njnu.edu.cn
印　　刷	南京愛德印刷有限公司
開　　本	890 毫米×1240 毫米　1/32
印　　張	6
插　　頁	4
字　　數	199 千
版　　次	2021 年 6 月第 1 版　2021 年 6 月第 1 次印刷
書　　號	ISBN 978－7－5651－4784－5
定　　價	48.00 圓

出 版 人　張志剛

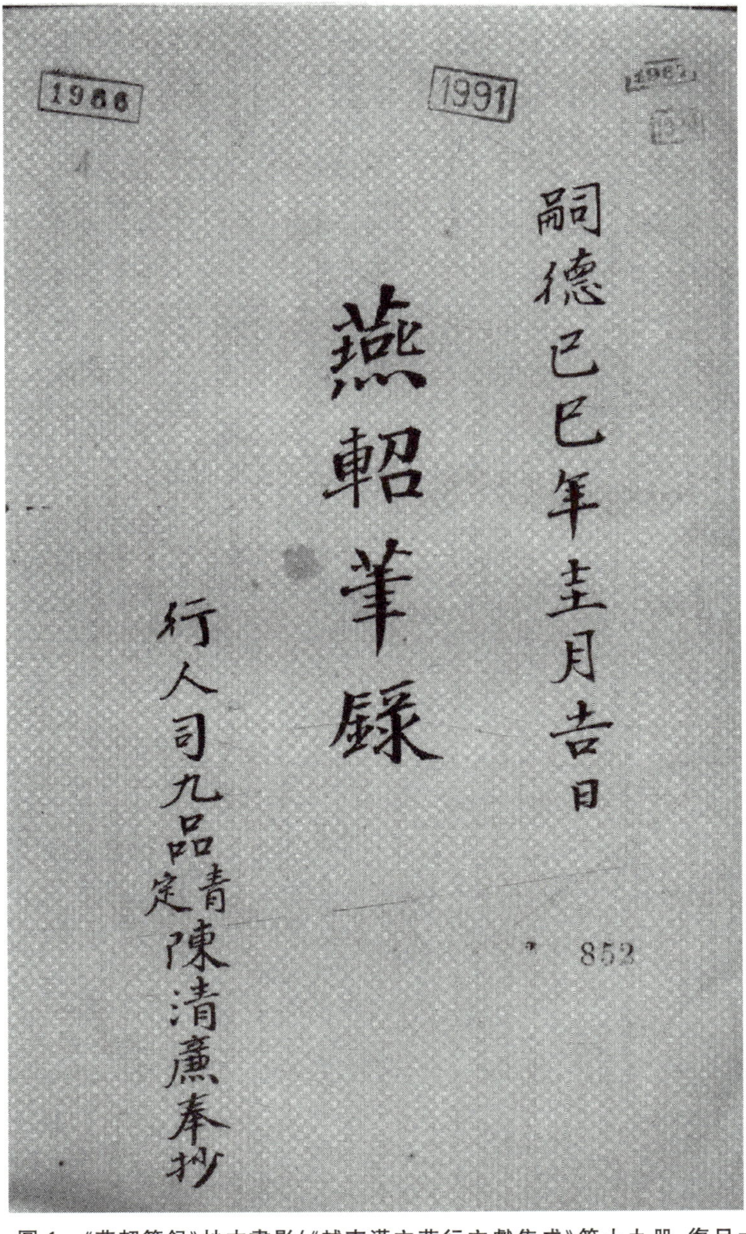

圖 1 《燕軺筆録》抄本書影(《越南漢文燕行文獻集成》第十九册,復旦大學出版社 2010 年影印版)

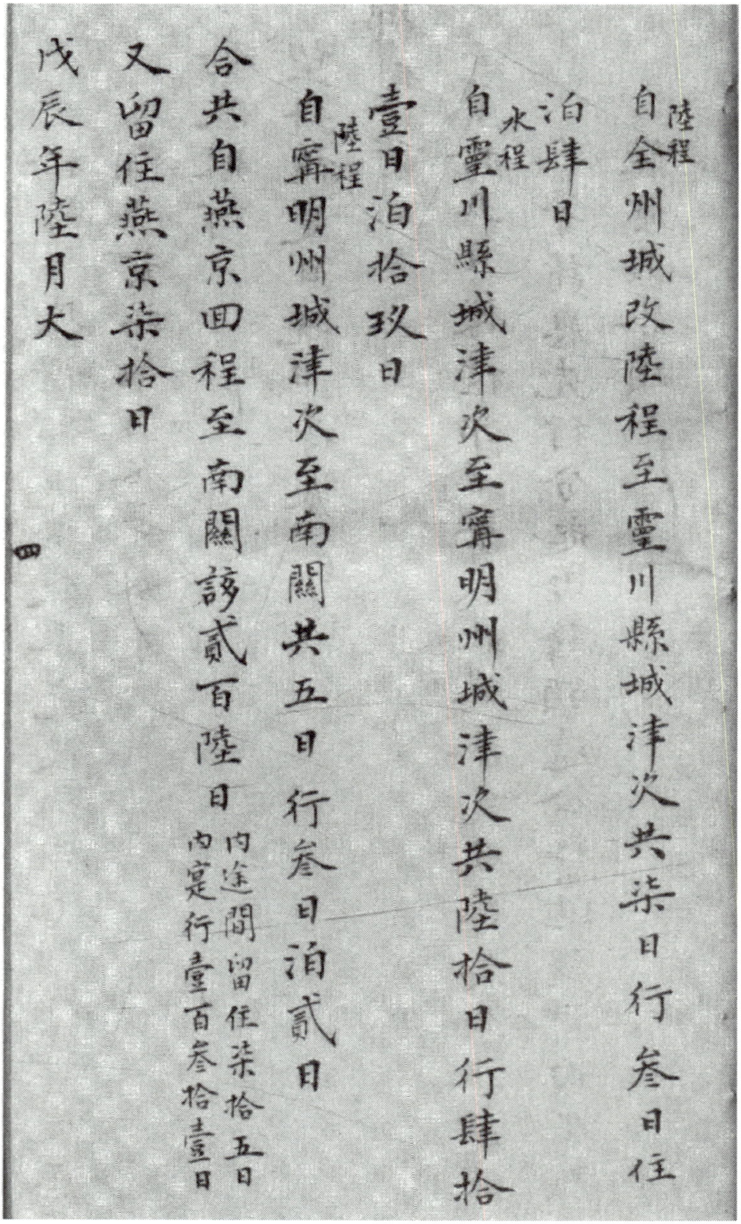

陸程
自全州城改陸程至靈川縣城津次共柒日行叁日住
泊肆日
水程
自靈川縣城津次至寗明州城津次共陸拾日行肆拾
壹日泊拾玖日
陸程
自寗明州城津次至南關共五日行叁日泊貳日
合共自燕京回程至南關該貳百陸日
內途間留住柒拾五日
內寔行壹百叁拾壹日
又留住燕京柒拾日
戊辰年陸月大

圖 2　同程異録之《如清日記》抄本書影（《越南漢文燕行文獻集成》第十八冊，復旦大學出版社 2010 年影印版）

前　言

《燕軺筆録》記録越南阮朝嗣德(1848—1882 在位)二十一年(清同治七年,1868 年)八月至次年十一月阮思僩任甲副使出使中國一事,其時正使爲黎峻,乙副使爲黄並。原抄本首頁書名下"阮思僩撰"四字,筆跡與内文不同,蓋爲後人所加。《大南列傳正編第二集》記阮思僩著作,關於此次北使有《燕軺詩草》三卷、《燕軺文草》一卷、《中州瓊瑶集》一卷三種,而未見本書。《燕軺詩草》乃其沿途吟詠及唱和詩作,《燕軺文草》則爲與中國官員之帖啓、信函之類,《中州瓊瑶集》爲中國文人贈和之詩文,此三書相合,即今存之《燕軺詩文集》,其書《越南漢文燕行文獻集成》已影印。但《燕軺筆録》行文,每言及黎、黄,則稱字置於前,而獨於僩則稱名置於最末,且今漢喃研究院所藏《石農全集》(A.376)收有此書,只是無前公文部分,故作者實爲阮思僩無疑。此書雖爲個人筆記,觀行文中常自稱"臣",是寫作時已有進呈之目的,而抄本署"行人司九品青定陳清廉奉抄",陳清廉,亦見於此次使團隨人中,可見本書亦經官方抄録而進呈嗣德御覽。

阮思僩,《越南漢文燕行文獻集成》所收《如清日記》解題生年作 1823 年,卒年不詳,越南吴德壽《越南漢學科舉登科録會要》作 1822—1890 年。其生平,見《大南列傳正編第二集》卷三十五:

> 阮思僩,字恂叔,北寧東岸人。……思僩弱冠有文名,紹治四年擢進士第,年纔二十有二。……(嗣德)三十四年以病屢疏陳乞得請歸里。同慶元年,北圻經略使請起領寧太總督,上謂思僩先朝耆臣,準實授總督。在職一年,復引病歸。尋卒,年六十有八。

按本書中《再舉己巳如清使臣摺》記其年庚癸未(1823),列傳記載紹治四年(1844)年二十二,以古人按虚歲記年習慣,則生於 1823 年無疑。傳記末敘其病卒,似當在同慶二年(1887),則壽止六十五。如壽六十八,則卒於成泰二年(1890),是列傳記載互相參差,蓋因《大南實録》記同慶(1885—1888)成泰(1889—1906)間事常過於簡略之故。故其生年當以紹治四年年二十二斷之,卒年則以年六十八斷之,其生卒年當作 1823 至 1890 年。吴説及解題所説皆不確。

本傳記載思僩原名文富,據《蔗園詩集》詩題《中秋待月寄阮雲林恂叔》注:"後改雲麓。"《送陳贊襄子敏北伐兼懷北使阮恂叔》詩句"夜共澄江送雲麓"注:"恂叔别號。"是思僩爲名,故《燕軺筆録》中自稱僩;恂叔爲字;雲林爲其初號,後改爲雲麓。阮思僩文集有稱《石農全集》者,則石農亦别號也。

阮思僩爲嗣德朝文學侍從之臣,位高權重,歷任集賢院侍讀充經筵起居注、翰林院侍講學士入參閣務、吏部右侍郎、光禄寺卿署吏部左侍郎充辦閣務、參知權領吏部尚書充國史館副總裁兼管國子監仍兼領内閣事務,至署尚書充機密院大臣而至其極。思僩亦具經濟之才,曾辦理珥河堤政和海安地方軍務。嗣德評其"以文學受知,不爲不久,今之人亦罕出其右者。兹值國家連年慶典,詞章正需"。本傳又言其"早歲登朝,歷躋華要,垂四十年。朝廷有大議論,典册高文,多所論撰"。其著作據列傳有《石農詩文》等集、《燕軺詩草》三卷、《燕軺文草》一卷、《中州瓊瑶集》一卷、《小雪山房集古録》一卷、《石農叢話》一卷、《河防奏議》三卷。今《石農全集》七册十二卷,於阮朝作家中可稱宏富。因此,當越南朝廷遴選此次使臣時,甲副使原定爲潘輝絿,但嗣德帝以其粗疏,而改爲阮思僩,蓋因思僩"久在清祕,視草演綸,雅稱上旨"也。

此次正使黎峻,其生卒年《越南漢學科舉登科録會要》作 1818—1874 年。查《燕軺筆録》收《遴舉己巳如清使臣摺》記正使黎峻"年庚己卯",則生於 1819 年。其生平略見於《大南列傳正編第二集》卷三十八本傳。峻,河静奇英人,嗣德六年(1853)擢進士第,歷任翰林院修撰,補義興知府,入爲監察御史、户科掌印給事中、光禄寺少卿、辦理刑部,轉南定按察使、署清化布政使等官。二十一年(1868)以翰林院直學士奉使如燕京,還,除兵部右侍郎轉刑部參知,進署尚書。二十六年(1873),充如西正使,先往嘉定,尋攖病,二十七年(1874)卒於嘉定。《越南漢文燕行文獻集成》解題以其卒年存疑,蓋未讀本傳也。

乙副使黄並,據《再舉己巳如清使臣摺》"年庚壬午",則生年當在1822年。並,字偕之,承天廣田人,舉人。嗣德二十一年(1868)任兵部郎中,改授侍讀學士,充本次乙副使如清。此皆可於《燕軺筆録》考見之。

此次使行,在數次展緩之後,故中越雙方皆鄭重其事。越方除留有相關著作外,中國書籍如馬先登《護送越南貢使日記》、黎申產《菜根草堂吟稿》、李楨《逌華廬詩存》、裴文禩《中州酬應集》、李輔耀《玩止水齋遺稿》等俱曾涉及,可見中越政治文化及人員交往之密切。本次整理之《燕軺筆録》,及所附録之《如清日記》,是越方有關此次使行的代表性著作。

《燕軺筆録》逐日記録出使行程及與中國人交往情事,歷時約十五月,得字約四萬三千,另公文七千一百字,内容頗爲豐富。其價值大略言之,其一爲敘越中地理交通。書中每日記起行及停歇之處,其地名大多仍存,而沿途古跡,作者往往不避其煩,每加著録,蓋以實地求證載籍也。書中敘回程自新鄭改道後,則每日記其路程里數,恐是以此爲後來使臣作道里指南。其二爲敘中國社會情狀。清末經太平軍及捻軍之變,地方殘破,大定之後,百廢始新,於書中亦往往見之。其三爲敘中越外交。書中前部爲公文,保存中越雙方有關此次朝貢之文件。又越方入關、沿途接見、京師典禮、往來貢品皆爲本書着墨處,而其細節如清廷蓄意阻止越使接觸洋人,會見朝鮮使者及中國官員時詢問洋務情勢,清廷朝會時禮儀不整等,皆謹慎入微,心細如髮。其四爲敘文化交往。書中中國官吏接見使臣,往往問及越方科舉官制,贈以書籍土產,而書籍中又以有關世教或作者自著爲主,越方多關注沿途文化遺跡或對聯題詩及購買書籍,而中越雙方皆好投贈唱和,以文會友。其五爲敘中越經濟關係。越南來華,雖爲朝貢,亦利用其方便售賣南産，書中記於漢口北京等地買賣貨項，除書籍而外，中藥及絲綢最爲越南所依賴。其六爲顯示作者文學才能。書中如遇中國勝景及獨特人情，亦稍加渲染，此最爲本書動人處。如來程摹西江兩岸山形，回程敘黄鶴樓江景，皆筆墨超然，繪景如畫。綜而言之，本書價值自有中國書所不可替代者在也，而其所短，如在京與李文田晤談，在河北與曾國藩僚屬陳蘭彬、薛福成等會面，雖於當時同文諸國亟欲自振之態有所揭示，但百年之後讀者當恨其太簡，惜其未能逐字詳記而一快耳目也。

本書存抄本一種，藏越南河内漢喃研究院，索書號 A.852，《越南漢文燕行文獻集成》據此影印，本書整理即依此影印本。越南漢文著作近年頗爲學界及公衆所注意，然影印之書往往不便閲讀，校點者則易生訛誤。越南抄本多間用草體，書寫習慣與中國有異。《堅瓠集補集》“安南貢使”條言袁宏道主客署中見安南貢使題詩，“草字幾不可識”，范廷琥《雨中隨筆・字學》言越南有商擱及瑶琰二輩，改革字體，士子靡然向風，是其證也。此書文字雖較整潔，然亦偶用俗字，加以越人記中國地名，因音定字，未必得其實，魯魚之訛，間或有之。今用《越南漢文燕行文獻集成》所收之《如清日記》參校，頗有收獲，河内漢喃研究院陶芳芝女史又以《石農全集》本校過一遍，其疑難之處，得涣然冰釋，然個别文字，疑有脱誤，因未能參校他本，則仍其舊。

附録之《如清日記》原單獨成書，現因内容相關、可相參證，附録於本書末。《如清日记》爲同次使程後，三使臣整理其在華經歷以供奏進之日記。阮思僩《燕軺筆録》當爲其藍本之一，故二書文字常相近，如三月二十三日在北京寧壽宫聽戲，細節與議論都相同。但《如清日記》除記每日行止外，較多關注中越官方交往，如中方人員之姓名職銜，禮品之登納，公費之使用，蓋因本書爲進呈之公務報告，與《燕軺筆録》爲個人日記相較，體例本有不同，亦因當時三人皆有記録，而《如清日記》兼收並蓄另有所本故也。如《如清日記》記日程，每言某時某刻進行，至某時某刻歇止，《燕軺筆録》則無之。又如三月十三日在神武門送迎事，阮思僩因感冒告假，未能參與，《燕軺筆記》故一筆帶過,《如清日记》則較詳細,此定來自黎、黄二人之所記。故二書内容亦可以互相補充,不可偏廢。

《如清日記》現存抄本一種,河内漢喃研究院索書號 A.102,原書編輯嚴謹,字體端楷,決非俗手所爲,或爲當時原件,洵可寶貴。《越南漢文燕行文獻集成》據以影印,本書點校即依此印影本。

整理者學識有限,書中如有紕繆,敬請讀者方家不吝賜教爲盼。

何仟年
於揚州大學文學院
2020 年 12 月 9 日

目 録

凡　例

一、本書底本用《越南漢文燕行文獻集成》(簡稱《集成》)第十九册(復旦大學出版社 2010 年影印版)所收之《燕軺筆録》,以《石農全集》中《燕軺筆録》(簡稱《全集》)及《集成》第十八册所收《如清日記》(簡稱《日記》)參校。底本不誤,他本誤者,一般不出校記。改動底本者,皆説明理由。

二、《如清日記》與《燕軺筆録》内容相關,可以互相參看,但如此曰三斤彼曰五斤,或人名異寫,難定其實者,則各仍其舊。

三、書中避諱字如"宗"作"尊"、"任"作"壬"、"時"作"辰",皆改回,一般不出校記。

四、異体字含簡寫字統一爲常見繁體字,於書末附異體字表。

五、凡"己""已""巳"或"戊""戍""戌"等字錯寫者,徑改,不出校記。對不常見之錯字或書寫習慣,出校記,並附原字所在頁碼行數,以昭慎重。錯字屢見者,如"辦"作"辨"、"苑"作"宛"、"發"作"登"等,第一字出校,後徑改,不另作説明。

六、凡字上加二墨點或三墨點者爲衍文,徑删不出校記。

七、正文中凡脱文者,皆出校記,且在正文用[ ]標示。

八、個别文意不通而無别本可校者,徑依原文,不另作説明。

九、儘量保存原文格式,但尊稱不抬頭,敬詞不空格,謙稱不小字。原文小字注今仍用小字。原小字注中又加注者,今加( )而不用更小字體,以便於印刷。

十、原書分公文及日程記二篇,今釐爲二卷。公文之屬原無標題,今據内容試擬其目,以利使用。

十一、原書無目録,今據内容編制目録,以便省覽。

卷一　公文

咨呈廣西巡撫請示開關日期文

越南國王阮[1]爲咨呈事。本國仰荷天朝封殖，預列職方，經蒙準定四年一貢，奉爲成式。咸豐七年丁巳、十一年辛酉、同治四年乙丑三貢並進，經奉暫行展緩。仰見大皇帝柔懷至意，不勝翹仰。來年己巳，正屬貢期，旅篚將誠，焚香恭俟，輒敢預先布達，祈爲據情轉奏，仰蒙恩準。開年遵例，遴委陪臣，恭賫[2]四貢方物呈進，再準於本年何月進關，早憑遵辦，俾本國芹曝之誠，得以上達，是所切榮禱，須至咨呈者。右咨呈天朝頭品頂戴[都][3]察院右副都御史巡撫廣西等處地方提督軍務加銜張大人臺前曦矚。同治七年正月二十七日。

【校勘】

[1] 阮：底本作“國姓”，按，原文爲避諱，凡阮、阮福時皆代以國姓或姓、御姓名，今改回。下不另出校。

[2] 賫：底本作“賚”，“賚”有賜給義，當爲“賫”之誤，今改。

[3] 都：底本無，今據下文職銜補。

廣西照會越南開關日期文

天朝兵部侍郎兼都察院右副都御史巡撫廣西等處地方提督軍務加節制通省兵馬銜爲照會事。本年三月日,内接閲貴國咨呈,内敘己巳年,正屬貢期,請示於本年何月進關等情。經本部院會同督部堂,據情恭摺具奏。兹於本年閏四月十一日,承準軍機大臣奉旨:另有旨。欽此。同日承準軍機大臣字寄廣西巡撫蘇。同治七年四月十六日,奉上諭:兹奏越南正貢届期,據情代奏,並密陳鎮安防勦喫緊,應否察看情形,再行開關各摺片。越南國王阮以來年己巳正貢届期,請示進關日期,具見悃誠等因,南太兩郡軍機未平,該國例貢,業經三次展緩,現在由南太至省路,既無阻梗,自應令其入貢,以遂其愛戴之忱。著蘇鳳文查照向例進關之期,行令該國遵照辦理。鎮安逆匪吴亞終盤據歸順等處,並著鳳文督飭官軍迅速勦解,以靖地方。越南貢使經由太郡,倘因鎮安鄰氛未静,即著該撫設法妥爲護送,令其繞道,無稍疏[1]忽。至河南直隸等省,道途現無阻梗,届期由該撫省督撫,一體妥爲護送,以昭慎重。將此諭令知之。欽此遵等因。承準。此想應恭録照會貴國王欽遵,查照辦理。本部現在檄飭沿邊文武,定於七年八月初一日開關,貴國王接到照會,即飭使臣等先詣諒山鎮静候,届期啓鑰。秋清布爽,景物熙豐,本部院當敬體皇仁,檄行經過郡邑,併[2]咨明前途各省照料使臣人等,按期行走,於年内到京,以仰副大皇帝柔懷至意。特此照會,祈即具覆,以便將貴國使臣起程進關日期,先行覆奏,須至照會者。右照會越南國王。同治七年閏四月十六日。

【校勘】

[1] 疏:底本作"舒",當爲"疏",同音致訛。

[2] 併:底本作"伕"(12頁3行),即"併"。本書抄本"并"字常作"关",下文徑改。

遴舉己巳如清使臣摺

文班廷臣臣等謹奏,爲遵奉遴派使務恭摺具奏候旨事。本月二十五日,奉上諭:此次如清使部,著交廷臣,即秉公遴舉京外官員,何係學識淹通練達政體,堪充使務三員,具奏候旨簡派。欽此欽遵。臣等會同遴擇,可堪充選者,輒敢指名保舉,所有該等員銜名姓年貫,恭列如左。謹奏。計開:

一奉遴擇正使一員

署清化省布政使黎峻。進士,年庚己卯,五十歲,河静奇英人。

一奉遴擇甲使一員

光禄寺少卿辦理刑部事務潘輝湙。舉人,年庚壬申,五十七歲,清化玉山人。

一奉遴擇乙使一員

鴻臚寺少卿參辦内閣事務阮政。進士，年庚甲午，三十五歲，嘉定平場人。

嗣德二十一年五月三十日。題奉硃批：所舉恐皆生疎，或係粗執，未堪遠出專對。再舉。欽此。

再舉己巳如清使臣摺

文班廷臣臣等謹奏，爲遵奉遴派使務恭摺具奏候旨事。月前三十日，臣等遵奉遴派如清使務，經將署清化布政使黎峻奉充正使，光禄寺少卿辦理刑部事務潘輝絳充甲副使，鴻臚寺少卿參辦内閣事務阮政充乙副使，繕摺進呈，欽奉硃批：所舉恐皆生疎，或係粗執，未堪遠出專對，再舉。欽此。臣等遵奉會同遴[舉][1]，仍照黎峻科甲出身，敭歷中外，政體頗屬[2]諳嫻，想亦可堪專對。若另擇亦難其人。黎峻請應仍充正使。至如甲乙副使二員，臣等再奉遴舉檢派，謹將銜名年貫一併恭列如左。伏候俞旨，謹奏。計開：

【校勘】

[1] 舉：底本無，語氣稍促，今據下文補。

[2] 屬：其下底本原有“安”字，似有硃筆點去。蓋“諳”字之誤。

一奉請仍充正使一員

署清化省布政使黎峻。

一奉遴舉甲副使一員

鴻臚寺少卿辦理户部事務阮思僴。進士，年庚癸未，四十六歲，北寧東岸人。

一奉遴舉乙副使一員

兵部郎中黄並。舉人，年庚壬午，四十七歲，承天廣田人。
嗣德二十一年六月初四日。題奉硃批：依奏。欽此。

禮部奏己巳使部行隨員人片

十四日禮部片奏彙列行隨員人。

一奉充行人八員

録事一員：通政使司從六品銜領司務吴文貴。承府廣田人。書記五員：四等侍衛胡文瓚、豐田人。禮部禋祀司司務陳曰繼、廣田人。兵部考功司司務阮光韶、廣治海陵人。户部北圻司正八品書吏阮登榮、香茶人。刑部北典司正八品書吏阮得進。調護二員：侍衛處謹信司正八品書吏阮有應、富榮人。太醫院從八品醫副吴建善。廣治明靈人。

一公派隨人三名

翰林院從九品筆帖式陳政、香茶人。河内省行人司充辦正九品行人武登瑅、河内壽昌人。行人陳清廉。河内青池人。

一家丁隨人六名

正使家丁二名：杜廷顗、河静錦川人。枚嘉遵。承府香茶人。甲副使家丁二名：户部北圻司未入流書吏嚴道直、河内青威人。阮惟親。北寧東岸人。乙副使家丁二名：黄辨、乙[1]副使之子。胡駒。承府廣田人。

【校勘】

［1］乙：底本作“由乙”，“由”字蓋衍文，今删。

禮部奏使臣給驛及進行日期文

二十五日，禮部奉硃點奏章：照向例，如清使部，應得給驛一款。正使應給輌夫二、擡夫四，副使每員應給輌夫二、擡夫三，行人每人應給輌夫二、擡夫一，公派隨人每名應給輌夫二等因，在案。兹甲乙副使二員，現已望行拜命[1]事清，臣部量行分起。其甲副使阮思僩，並行人吴文貴、阮光韶、阮登榮，請以來月初一日進行。乙副使黄並並行人陳曰繼、阮得進，公派隨人陳政，請以初四日進行。正使黎峻請以本月二十九日早恭行拜命事清，來月初七日，帶隨行人胡文瓚、阮有廌、吴建善進行，與夫公貨品項等擡應分起護遞，併由兵部臣照依向例給驛前往。輒敢聲敘，候奉洞悉。

【校勘】

［1］命：底本作"㑹"（21 頁 8 行），即"命"字。下徑改。

禮部奏使部禮品物項片

嗣德二十一年五月二十四日，禮部臣等奉片録開年己巳正屬貢期，例有遣使如清，並將上年丁[1]巳、嗣德十年。辛酉、十四年。乙丑十八年。該四禮並進，本年正月日，臣部遵奉擬撰公文投遞廣西，問明開關日期，兹接覆到，訂本年八月初一日開關，仍奉查照向例，其應需禮品，並打發諸物項如數干，謹奉片列進呈，候旨遵辦。計開：

【校勘】

［1］丁：底本作"己"。按，嗣德十年爲丁巳，"己巳"當涉上文而誤。今改。

一品儀四禮每禮以下

象牙二枝、每重三十六斤以上。犀角二端、每重二斤以上。沉香三百兩、附重六十兩。速香六百兩、附重一百二十兩。砂仁米四十五兩、附重十兩。梹榔四十五兩、附重十兩。土絹一百疋、土紈一百疋、土綢[1]一百疋、土布一百疋。

【校勘】

［1］綢：底本作“絹”，涉上而誤。據下文，土絹之外，另有土綢。今改。

一打發諸物項一次以下

白金十兩錠一百錠、白金二兩錠十四錠、白金一兩錠五十二錠、白金五錢錠一百錠、銀包[1]指一百個、每重一錢。雪白土絹一百二十疋、土布一百疋、各色土紈二百二十疋、象牙直棣扇三百把、由表元青南羅紈。玳瑁蠟盉[2]一百五十只、中項、小項各七十五。香蠟二斤三兩、象尾毛二百條、内包金三十條，内包銀一百七十條。象牙酒盞三十口、中項、小項各十五口。桂皮五十斤。向例參用乂安廣南。

【校勘】

［1］包：底本作“色”，《全集》作“包”。按，銀包指即《日記》中之銀帮指。本文象尾毛有包金包銀云云，包多作色。本書二月十一日，送好李文田之包金象尾毛即作“包”(191頁5行)，可證。原文當字形相近而誤。

［2］盉：此字底本或作“盅”(25頁6行)，或作“盉”(26頁3行)、“盞”(66頁9行)、“盏”(102頁7行)，《日記》作“盉”，據改。

奉照向上各項，就中白金並銀包指、土絹、土紈、土綢、土布、玳瑁蠟盉、香蠟、象牙直棣扇等項，奉硃批：户部速照例坐咨辦易及而便，餘何係應檢，内務府即會檢。欽此。例向由户部臣行咨河内省改鑄並和辦[1]製辦事清，仍留該省以備充需，餘各項臣部經咨内務府詳查在庫現貯覆辦，尚未覆到，且兹使部行期屬緊，請由臣部會同户部内務府，並詳檢現貯例項欠需，每請由該部臣照隨所産諸地方速行咨辦，務得充數，以及行期。奉硃批：餘打發應帶隨買項銀，或何物裕便，户部即擬[2]應買何物，由有司即開。欽此。

【校勘】

［1］辦：底本作“卞”，原書中“辦”字幾乎都寫作“辨”，“卞”與“辨”音同，故“卞”又借作“辦”。後文十二月初三、初四日有“卞差”“卞行裝”，皆同此，徑改不出校。

［2］擬：底本作“拧”（27 頁 1 行），即“擬”字。

越南奏陪臣員數及貢品文

越南國王臣阮福時稽首頓首謹奏，爲恭值貢期，虔修旅篚事。臣國仰荷天朝封殖，世列職方，經奉酌定貢例，四年一次，永爲成式。自咸豐七年丁巳、十一年辛酉暨同治四年乙丑，已經三屬正貢，節奉咨問廣西巡撫部院轉達，嗣接咨到，均奉諭準暫展緩。仍照開年己巳又届貢期，再奉具由咨明廣［西］[1]撫院代爲題達，嗣接照會公文，内敘現經據情具奏，欽奉諭準，依期入貢，以遂其愛戴之忱，定以同治七年八月初一日開關等因。臣聞命之下，頂戴惟虔。竊思周服奠維，全資安勸；夏廷述職，係奉典常。上届[2]旅庭，屢蒙準展，迄今修貢，俾奉硃［批］[3]改始，欽此。獲來庭，幸少慰下國積年之忱悃。臣恪遵侯度，遥望天閶，謹將開年己巳與前屬丁巳辛酉乙丑該四年貢品，交陪臣黎峻等一併齎遞，欽候恩準賞收。除另具表文上進外，謹奉具事奏聞，伏候聖聰洞鑒。謹奏。

【校勘】

［1］廣西：底本無“西”字，據文意補。

［2］届：底本作“屆”，形近而誤。

［3］硃批：底本無“批”字，今據同書他處補。

一謹遣陪臣

黎峻、阮思僩、黄竝。

一恭進開年己巳歲貢品物

象牙一對、犀角二座、土綢一百疋、土紈一百疋、土絹一百疋、土布一百疋、沉香三百兩、速香六百兩、砂仁米四十五斤、梹榔四十五斤。

一恭進前屬丁巳年歲貢品物

色數竝與己巳年同。

一恭進前屬辛酉年歲貢品物

色數竝與丁巳年同。

一恭進前屬乙丑年歲貢品物

色數竝與辛酉年同。

同治七年七月初一日。

越南己巳年朝貢表

越南國王臣阮福時稽首頓首謹上言。兹欽奉皇疇建範,王會依光。暨南之文命誕敷,拱北之肫忱冒達。謹奉表上進者。伏以天開皇道,龍旒端九五之尊;地闢朱維,雉贐達重三之譯[1]。蓬萊紫氣,芹曝丹心。欽惟大皇帝陛下,德備中和,仁同覆幬。廣運聖神之功化,重拱帝衣;有嚴天子之聲靈,蕩平王道。景慶之星雲旦旦,梯航之玉帛方方。念臣炎邦,世兹藩服。于周受命,一道德以同尊;曰商是常,敢共球之或後。上屬經蒙展贄,彌殷向日之虔;迄今早獲馳琛,允愜積年之願。仰恩言之諄摯,殷皇路之廓清。臣憑仗天威,恪遵侯度。常凜不違之敬,咫尺廷香;長承無斁之庥,山河國券。臣不勝瞻天仰聖,激切屏營之至。除另具四貢品儀,交陪臣黎峻等賫遞上進外,謹奉表隨進以聞。同治七年七月初一日。

【校勘】

[1] 譯:底本作“驛”。《尚書大傳》:“越裳氏以三象重譯而獻白雉。”據改。

呈覆廣西入關事宜文

越南國王阮爲呈覆事。同治七年正月二十七日，本國公文遞呈前涖撫憲劉大人，敘開年己巳貢期並年前丁巳、辛酉、乙丑貢例，節經展緩，該四禮請遵照内辦，敬備品儀，耑委陪臣進覲，請示開關日期等因，嗣至五月二十三日，接到公文，敘同治七年四月十六日奉上諭，内一款：越南國正貢屆期，請示進關日期，具見悃誠，前因南、太兩郡[1]軍務未平，該國例貢三次展緩，現在由太郡至省，道路既無梗阻，自應令其依期入貢，以遂其愛戴之忱。欽此欽遵。現經上憲酌定，以本年八月初一日開關等情。本國遵照向例辦，當即遴委陪臣黎峻、阮思僩、黃並等，奉賫遞開年己巳並上屆丁巳、辛酉、乙丑等該四貢表函方物，以本年七月初一日，自都城進關，静候啓鑰，輒此呈覆，並抄録表文一道，呈電，祈爲審閲，以事轉達。再，本國陪臣一路行走事宜，耑憑上憲曲爲體顧，俾得敏濟公幹，是所切望也。薰風送爽，遥禱榮禧，須至呈覆者。

【校勘】

［1］南、太兩郡：底本作“南、太諸郡兩郡”，“諸郡”二字與“兩郡”重複，當衍，今删。

右呈覆天朝兵部侍郎兼都察院右副都御史巡撫廣西等處地方提督軍務加節制通省兵馬銜蘇大人臺前曦矚。同治七年六月十二日。奉硃批：六。欽此。奉硃批：十二。[1]欽此。

【校勘】

［1］六、十二：當爲嗣德御筆填署呈文日期。

呈廣西請會勦邊匪文

越南國王阮爲咨呈事。本國仰荷天朝封殖，世守疆宇，六十七年于兹。照之境上高諒等轄原與上國太郡接壤，八九年來，沿邊土匪竊發多處，間或越界擾掠，邊方民苦之。本國節次兵勇堵勦，柰匪党去來飄忽，日滋月蔓，龍陳一帶，胥爲奸窟。飭經打仗，邊吏不敢越境。夫以天朝土地之大，兵甲之衆，臨此幺麽小醜，壓卵何難？惟亂繩徐理，未暇搜山，致此甌脱之區，猶聞伏莽。本國節呈貴部院會勦，因以道途修阻，音問弗達。會師之期，日月以冀。乃者高平守臣奏稱降匪謝静川、劉士吴陰綫逆首吴鯤即吴亞終死党數千，襲據倉屯[1]，本國經即增派兵象進勦。貴派謝繼貴亦帥師來會戰，腹背夾擊，一鼓而落陽屯圍解。以此波照盛情，銘鏤無既。嗣聞謝將副道承檄回服，匪現退倉屯，憑險旅拒，攻之未披。吴鯤不時往來歸順，合党死守，免營三窟，鴟張四顧，自非批根擣虚，使他首尾衝決，何以早馘戎首，肇敏膚公？且逆匪一日未除，則邊民未得一日安枕。郊畿申畫，彼此雖已截然，而彼此均依天朝赤子，本國邊吏不職，責無可辭，貴部院仗鉞臨邊，幸賴仰體大皇帝柔遠至德，及早增派大隊兵勇,分向龍[2]陳歸順,直擣巢穴,披其心腹,剪其羽翼,彼進退路絶,飛走計窮,穴蟻釜魚,安所逃命?於以早絶凶醜,永静邊氛,想貴部院帷幄籌邊,應亦策及此矣。夫安邊立功,在乎良將,貴部院特達之智,膺閫之寄,兵民皃藻,長城萬里,方將繼美古人一范之謠,不獨播於境上,海潤千里,下國亦受賜多矣。輒因下价進京,道謁轅門,具由布達,敢告執事,幸審圖之。秋風薦爽,遥禱榮禧,須至咨呈者。

【校勘】

[1] 屯:底本原作"扽",下文作"屯",《蔗園詩草》卷一《元日適接諒平軍次經略使武仲平參贊范芝香摺奏官兵克復芄封紅旗報捷詩以誌喜十二韻》"山屯曾竊險"句原注:"倉屯、芄封屯。"今據改。

[2] 龍:底本原作"竜"(39 頁 1 行),即"龍"字。下徑改。

右咨呈天朝兵部侍郎兼都察院右副都御史巡撫廣西等處地方提督軍務加節制通省兵馬衔蘇大人臺前曦矚。同治七年七月初一日。

禮部請抄廣西公文録呈如清使臣摺

嗣德二十一年七月十二日,禮部奏:去日接諒山撫臣鄧算咨敘,接到清國太平府公文二角,該省會同開展,照見:一敘移設公館,一敘開用太平府銅印,其這公文謹奉粘誌發遞等因。臣部奉照向例,使臣過關後,由幕府公館住宿,兹該館坍塌[1],

移設于憑祥州街住宿。這公文一角,請由臣部抄出別本,兹交使臣知辦。至如開用太平府印,亦係循例咨知。其原公文二角,請交内閣臣收貯,輒敢聲敘遵辦。奉硃批:兵部録發嚴飭潘克慎、鄧算辦。要通使路妥莊得體,不得少誤干咎,并馬發。欽此。禮部恭録欽派如清使臣貴列遵辦。

【校勘】

[1]“塌”,底本原作“榻”,據文意改。

禮部奉抄廣西知會越使移住憑祥札

天朝奏署廣西府正堂徐爲札飭事。照得越南國四次例貢,業奉撫憲行知,定以本年八月初一日開關等因,當經分別移行知照在案。惟查向例,每值開關日期,應幕府堂住宿,因近來貢期久停,幕府堂房公館均經坍塌,現在貢期急迫,一時難以修整完好。兹本府擬將住宿如公館移設憑祥州街,地方安静,該國臣從住宿實爲妥便。但憑祥去關稍遠,必須一百里之遥,兹定於八月初一日開關,以免延誤。除貢亭應辦事宜,仍在關口,照例遵辦外,合行札飭,爲此札,仰諒平巡撫遵照。所有此次該國貢使,務須早到關外等候,下次入貢住處,不得以此次爲例。仍將遵奉札飭緣由先行稟覆,毋延此札。

右札仰諒平巡撫準此。同治七年六月二十四日札。禮部奉抄。

禮部奉抄廣西巡撫懸賞擒殺吴亞終告示

廣西巡撫部院蘇示。照得逆匪吴亞終被勦逃竄，現匿越南木馬一帶。亟[1]應懸賞嚴拿，無論内地以及越南軍民人等，能將吴亞終生拎解赴鎮安大營，或太平府，立即由營由府賞銀八千兩。如梟首驗確[2]實者，立賞銀四千兩。賊夥中有能及正拎解刺殺，亦照此數急賞五品項零。餘賊概準免罪歸農。本部院言出惟信，各宜恪遵無違。特示。同治七年七月十一日示。

【校勘】

[1] 亟：底本原作"亟"(44頁1行)，即"函"字，當爲"亟"之誤。

[2] 確：底本原作"確"(44頁4行)，爲"確"字之誤寫。後十二月十九日"確山"誤作"嵟山"，類此。

禮部擬加給使部恩賞片

嗣德二十一年六月初六日。内閣臣潘廷評、臣陳文係、臣阮政奉上諭：昨據廷臣摺請遴充如清使部，經準依奏矣。且此行道路艱勞，所應推恩以示體悉。其現充正使之署清化布政使黎峻著實授翰林院直學士。甲副使之鴻臚寺少卿辦理户部阮思僩著升授鴻臚寺卿。乙副使之兵部郎中黄並最[近][1]甫升，著改授侍讀學士。再自正副使以至行隨人等例賞，著禮部臣酌擬加給，具奏候旨。欽此。初十日禮部片擬酌給使部冠服錢銀有差。

【校勘】

[1] 近：底本原無，據文意補。

一正使例賞

正三品大朝服冠服一副、東坡帽一頂、元青光素八絲緞，飭純金。寶藍花赤正綫二則圓鶴水波鱗密紗交領白領衣一襲、原例純綫，玆改給。寶藍滿至飭錦緞繡錦鷄褙[1]子一對、寶藍雪白純綫大蟒雲水波絲紗廣袖衣一襲、雪白素縐紗牙郎二則團花袖袴各一腰、軟輿一副、樑槓均塗朱漆湘金，坐輞紫蟻色，牙軸木架具足。烏蓋一把、錢三百貫。

【校勘】

[1] 褙：當即補服之"補"，但本書及《日記》俱多見，亦另存"補"字，故不當爲誤字，故仍存其舊。

向上輿蓋均由河内省製給。下同。

一加給

奉硃批：加狹袖北正紗藍玄衣二、南白花縐紗袴一。欽此。

玄色純綫花果陰陽花密紗廣袖衣一領、玉藍梅蘭菊蝶花八絲緞裏衣赤帛狹袖衣一領、花赤南素縐紗袴一腰、銀五十兩。

一甲乙副使例賞

從三品大朝冠服各一副、東坡帽各一頂、元青光素八絲緞，飭前後金花各一，餘並用銀。宝藍雪白正綫二則圓鶴水波鱗密紗交領衣各一襲、原例純綫，玆改給。赤羽絲繡孔雀褙子各一對、玉藍純綫花果陰陽花密紗雪白純綫四友花密廣袖衣各一襲、雪白素縐紗牙郎二則團花袖袴每各一腰、軟輿一副、樑楨並塗朱漆湘金，坐輞宝藍色，木軸木架具足。烏蓋一把、錢二百貫。

一加給[1]

奉硃批：加狹袖北正紗藍玄衣二、南白花縐紗袴各一。欽此。甲、乙同。

【校勘】

[1] 給：底本原作"級"。除例賞外，此次如清使得加恩獲賞，故爲"加給"，上文即作"加給"，據改。

青蓮純綫四友花密紗廣袖衣各一領、玉藍梅蘭菊蝶花八絲緞裏花赤帛狹袖衣各一領、花赤南素縐紗絝各一腰、銀四十兩。

一行人八例賞

録事一：補服東坡帽一頂、元青光素八絲緞，飭前金花一，餘並用銀。寶藍正綫瓜蝶牡丹花密紗雪白正綫瓜蝶陰陽花密紗交領衣一襲、茶青正綫三十料細花密紗裳一腰、衣裳褙子各一對、均用赤羽絲繡白鴈[1]。冬服圓帽一頂、元青光素八絲緞領白金葫蘆蛟花。寶藍羽絲裏色布狹袖長衣一領、色南絍絲腰條一條、網巾一幅、靴襪一對、木笏一件、用湘飭。常服寶藍正綫三菊花凉紗廣袖衣一領、赤色纊絨裏色布狹袖衣一領、紫蟻雪白南花紬袴各一腰。

【校勘】

［1］均用赤羽絲繡白鷴：此句原作正文，今據上下文改小注。

書記五：補服文秀才帽一頂、元青光素八絲緞，鈁銀。寶藍正綫瓜蝶牡丹陰陽花密紗雪白正綫瓜蝶陰陽花密紗交領各一襲、寶藍細梅花南熟紗裳各一腰、衣裳襀子均赤羽絲繡鷺鷥各一對、冬服圓帽各一頂、元青光素八緞，鈁白金葫蘆蛟花。官绿[1]羽絲裏色布狹袖長衣各一領、色南紵絲腰條各一對、網巾各一幅、靴襪各一對、木笏各一件、用湘錫。常服寶藍正綫三菊花凉紗廣袖衣各一領、赤色纊絨裏色布狹袖衣各一領、紫蟻雪白南花紬袴各一腰。

【校勘】

［1］绿：底本原作"录"，今依文意改。官绿，正绿也。

調護二：補服文秀才帽各一頂、元青光素八絲緞，鈁白金蛟花垂紋。寶藍雪白正綫三菊花凉紗交領衣各一襲、寶藍細梅花南熟紗裳各一腰、衣裳襀子均赤羽緞繡鷺鷥各一對、網巾各一幅、靴襪各一對、木笏各一件、冬服圓帽一頂、元青光素八絲緞，鈁白金葫蘆蛟花。官緑羽絲裏色布狹袖衣各一領、色南紵絲腰條一條、常服寶藍纊絨裏色布狹袖衣各一領、紫蟻南花紬袴各一腰。

向上行人八員錢各五十貫。

一加給

玄色正綫花密紗廣袖衣各一領、雪白南花紬袴各一腰、銀二十兩。

又奉硃批：加南密紗狹衣南白紬袴各一。以下共十一人。欽此。

一公派隨人三內通言二、九品一例賞

補服文秀才帽一頂、元青光素八絲緞，飭白金蛟花垂紋。玄色正綫四友花凉紗雪白帛交領衣各一襲、寶藍細梅花南熟紗裳各一腰、冬服圓帽各一頂、元素光素八絲緞，飭白金至葫蘆花。青蓮羽絲裏色布狹袖長衣各一領、蘇色布綫腰絛各一條、網巾各一幅、靴襪各一對、木笏各一件、用湘錫。紫蟻南花紬袴各一腰、錢各四十貫。

一加給

寶藍南花貢紗廣袖衣各一領、雪白南花紬各一腰、銀十五兩。

一正副使家丁六名例賞

英巾帽各一頂、黑色南素綾。寶藍南密紗裏色布狹袖長衣各一領、冬服圓帽各一頂、大赤羽緞，飭白錫葫蘆花。青蓮羽翦裏色布狹袖長衣各一領、蘇色布綫腰絛各一條、網巾各一幅、靴襪各一對、官綠羽絲裏色布狹袖衣各一領、紫蟻南花紬袴各一腰。

一加給

奉硃批：白南紬袴一腰。欽此。

黑色羽緞裏色布狹袖衣各一領、銀各三兩。

向上例賞，自正使至隨派官兵等遵奉如式。

卷二　日程記

待　發[1]

【校勘】

[1] 待發:此處底本原無標題,今補。

戊辰年六月二十四日。臣阮思僩、臣黄並率行隨人等,奉于勤政殿庭行望拜禮悉,内閣臣潘廷評奉宣敕,頒給御製詩。臣等奉于東閣庭前拜領。

二十七日。臣黎峻拜命,恭領國書及國印預紙各道。

二十九日。臣等奉于文明殿庭陛辭,恭進謝表。

七月初一日。臣阮思僩率行人吴文貴、阮韶、阮登榮等欽遞品項進呈。

初四日。臣黄並率行人陳曰繼、阮得進、隨人陳政等欽遞品項進呈。

初七日。臣黎峻率行人胡文瓚、吴建善、阮有鏖等欽遞國書品項進呈。

十九日。臣等並行隨人等,陸續齊到河内公館,會同點檢品儀[1]貨項,結束停當。

【校勘】

[1] 儀:底本原作"俤"(59 頁 9 行),即"儀"字。

二十日。商訂以二十二日進行。先咨河内照辦。

二十一日。早,臣等率行隨人等,具朝服恭詣河内行宫,行望拜禮。晚分,具補服致祭祖道之神。

二十二日。早,奉將進行日期摺奏。辰牌,河内省官派出領兵阮閒、水奇協管阮就帶將兵象民夫護遞國書,及公私箱函進發。午牌,渡珥河。北寧領兵武文逢現帶兵象直候北岸。申牌,抵北槺[1]站,换給民夫。酉牌,至北省公館停歇。

【校勘】

[1] 槺:當爲喃字。下文"溇"字亦然。

北寧省

二十三日。遇雨,仍停駐。

二十四日。北省商委臬司范慎遹帶同協管黎鑾帶將兵象護送。酉牌,抵富川社停歇。富川屬保禄縣地,名廟井。

二十五日。早,起行。巳刻,過芹營祠,都天輔國翼正襄平帝君、都天輔國明江都統帝君。備禮謁告。晚,至北麗站停歇。行路自溇溪而上,經過象趨溪、烟筒溪、八位庯、蘭山諸處,一望深箐[1]密竹,幽壑斷坡,下潦上霧,天氣昏昏。

【校勘】

[1] 箐：底本作"青"，《全集》作"箐"。按，箐，亦竹也，"深箐密竹"與"幽壑斷坡"二句相對。今改。

二十六日。早行。巳牌，過化江，水稍濁，江稍濶。惜從來無人導其流，下注昌江，以通運道。鱗溪有廟，俗傳靈異，數爲行旅之患。溪上有姉妹石，森立溪上，遠望如人形，故名姉妹。午牌，至北和故驛，接見諒省權領兵陳德[1]科，帶將龍亭、傘蓋、弁兵、械杖護接。未牌，過鬼門祠。祠在萬山中，神像矮陋，不知何神。相傳是漢伏波馬將軍，恐未必然。暮抵諒梯站停歇。

【校勘】

[1] 德：底本原作"⿱"（62 頁 4 行），即"德"字。下徑改。

諒山省

二十七日。早，經榕樹館。樹大蔽牛，上有鐵箭數枝，插枝間。相傳妖物憑樹，清商射之，妖遂絶。瀑市有柳昇石，是黎太祖斬柳昇處。石似臥人，又一小石似其首，故云。午牌，過鴿母山、鴿兒山、九曲溪。涉溪登坂，路甚艱阻。入暮，又行泥雨中，次且詰屈，幾忘路之遠近。比到省城，漏已二鼓半矣。

二十八日。早，率行隨人等，各具朝服，恭詣諒山[1]行宮立班。省臣行問安禮事清，臣等行望拜禮。午牌，恭就會同廟謁告。因游三青峝。江上奇石數峰，谽[2]谺如屋。寬約一畝，中奉佛[3]像。二清峝在其西南，奉三教祠。右壁有“其猶[4]龍乎”四字。又轉右過，再入一峝，中間上奉吴午峰公諱時任，河内左青威人，舉前黎進士，歷官宰輔，道德優隆，爲我國名臣。像，下有溪從峰陰流出，上架板橋，半已傾圮，兩壁石刻甚多。

【校勘】

[1] 諒山：底本原文“諒山”下有兩小圈。

[2] 谽：底本原作“谽”(63 頁 9 行)。《全集》作“谽”，據改。谽谺，中空貌。卢照邻《五悲 · 悲昔游》：“当谽谺之洞壑，临决咽之奔泉。”

[3] 佛：底本原作“仸”(64 頁 1 行)，即“佛”字。

[4] 猶：底本原作“猶”(64 頁 2 行)，即“猶”字。

二十九日。早，詣城西土山廟拜謁。辰牌，偕候命官諒山按察阮恕進發。未牌，至文淵同登庸停歇。

過　關

八月初一日。五更初刻，臣等與候命臣阮恕，帶領護送之北諒二省員弁兵象，護遞國書公貨箱函進關佇候。飭將兵象械杖排列關之左右，並委通事具帖通問。護接之署理太平府知府奉議大夫徐延旭、進士，山東人。廣西新太協鎮武功將軍祥瑛、護貢武委員之廣西撫標參將武翼都尉岳齡、蒙古正黄旗人。欽加武翼都尉馗纛營昭武都尉張紹緒、署理龍州同知奉直大夫楊延亦各齊就關上，具帖通問。卯牌，啓鑰。臣等偕候命臣具朝服恭遞國書、龍亭，過昭德臺，遵例行三跪九叩禮訖，返回仰德臺。更褿服具帖問好護貢護接諸員人，時護貢之文委員廣西鹽法道銜中議大夫李均現未抵關。再詣昭德臺行贄見禮。禮用半跪。參將岳齡、知府徐延旭中坐，祥瑛、張紹緒、楊延分[1]左右坐。臣等亦分左右，列坐于次。護貢護接諸員人恭問我皇上及年穀豐登，再慰勞臣等，邀坐款茶。其贄禮登桂皮、象牙扇、象尾毛、香蠟盞各項，餘璧。頃間，臣等辭回仰德臺少憩，仍飭行人通事將箱函過關交結清楚。臣等恭將過關事宜，繕具奏摺咨文，並將原領國印預紙封誌謹密，交候命官阮恕認將回省發遞。辰牌，聞礮放聲，護貢護接諸員人前發。巳牌，臣等帶行隨人等過關繼發。使車所至，道路觀者鬨喧，蓋十六年來，貢期屢展，故相傳以爲太平盛事也。是日行五十里，暮宿憑祥州莅。州員送酒席款頓。送好州員。嗣後凡抵府州縣，酒席款頓，及送好同。自關抵州，一路荒山乱坡，土石相雜，土民多栽松，上山下澗，泥淖遍路，無異行諒山道中。兵火之後，處處殘破，官房民舍，以至諸塘汛，壞者未修，廢者未復，殊覺滿目荒凉。

【校勘】

［1］分：底本作“亦分”，《全集》無“亦”字。按，前“亦”字無理，當爲涉下而衍。今删。

初二日。發憑祥州。午歇受降城。晚抵寧明州城。登舟。向例，每使部抵州，留宿公館，次日始登舟。時兵後，公私廨舍，十存一二，故即船爲館伴所。

初三日。整頓船務。陪臣船三，行隨船四，貢品船二，内通事船二，護貢船三，皆苟完而已，不甚整麗。

初四日。祭江畢，仍留待。

初五日。進駛。連日停泊，州民聚觀岸上者絡繹不絶。有屬州舉人黎申産來相訪舟中。自言本州盗起，避地欽州十餘年，去歲始歸。家燬於盗，未有居所。在欽州日，曾浪游海寧，識范文璧東軒。梧州被圍之年，在圍城中與我使部郿川范公、阮唐川及劉武諸人周旋者久。爲人稍文雅可愛。問以廣東洋夷事，辭以遠不及知，但聞其相安無事耳。問及勞崇光，輒摇首書“不足道”三字，再問，又書“蒙蔽盗賊貪婪好貨”八字，且云紀實也。船瀕行，作長篇送正使黎蓮湖並及僩云。各答以詩，與之别。察其意，似戀戀不捨也。

初六日。開船。沿江皆山，有土山戴石者，有石山聳立者，有如列椅者，有如峭壁者，有如抽筍者，有如排笏者，有如覆鐘者，有如展屏者，有如錦繡帳，如掛畫衣，如屯兵堆甲，如飛[1]鳥走獸，如鳳閣龍樓，如瑤臺寶塔，千態萬狀，炫麗奪目。筆墨之所不能紀，圖畫之所不能盡。内通事農富有向予言，近桂林城，山無不佳者，太郡諸山，比十之二三耳。披閲舊圖，心往者久之。

大花小花諸山，有黄巢唐僖宗時人。兵馬遺跡。諦觀之山腰石跡，皆成符篆人馬之狀，或赤若渥[2]丹，或黝若灑墨，或黄或白，色色奇肖，真異觀也。然沿江諸山幻相若此者，所在而有，不獨此二花山爲然。舊傳蓋好事者之言，識者勿道可也。至於兩岸臨水，處處奇石林立，洞壑玲瓏，與人家園亭假山酷肖者不勝數，真令人應接不暇也。是夜泊窑頭庯。

【校勘】

[1] 飛：底本作“飛”(70 頁 6 行)，即“飛”字。

[2] 渥：底本作“樨”(71 頁 3 行)，《全集》作“渥”，據改。

初七日。泊歌波塘。

太平府

初八日。辰牌，抵太平府城。晚分，過護貢參府岳齡舟相見。岳慰問行路辛苦，並言，殘破後，州縣供應不甚整備，望彼此各以國事爲重。既回船，崇善縣蒞送酒席。陪臣三，行隨四。自後，每至州縣蒞皆然。入夜，乘月謁太平知府徐延旭。進士，山東人。延入花廳[1]，有崇善縣員黃文棠進士，江西人。先在坐。既入，徐令設座椅正中間，環坐相向，桌上設筆硯墨，以備通話。徐先問剿吳匪事，並董戎大員是誰，臣等以平寇討逆中左右三道對。又言大兵行邊，運餉艱勞，再問芃葑已有守臣兵屯否，抑專委降匪張世英即張十六。守之？臣等言張十六與吳亞終不相容，故窮而請降，真僞未可知，本國亦未之許，至如芃葑地，現已另有守兵，非輕委他也。且高平地遠瘴重，下游兵來，多患疾病，民夫解餉，亦甚艱苦，向來未告蕆[2]事，實由於此。玆欽天朝兵威，與上憲調度，早馘戎首，安奠邊氓，下國實所深幸。良久，問本國考文法、文聖廟禮制，及伏波銅柱、姜公輔墓的處，款茶而退。歸船，已三更矣。太平府爲匪党蹂躪日久，城闉缺壞者，未及修，民間房店，處處廢毁，月中所見，灌莽載道，蓋比舊十只一二耳。城中縣堂僅存，府堂毁於賊，現僑寓城外麗江書院。

【校勘】

［1］廳：底本原作“厛”（72 頁 6 行），即“廳”字。

［2］蕆：底本原作“藏”（73 頁 7 行），即“蕆”字。蕆事，謂事畢也。

初九日。崇善縣員照給諸船户水脚未清，仍留。

初十日。開船，回望硯臺、文筆諸山，依依逼真，去府城里許，有龍龜[1]塔在江中石山上。又行數里，過黄巢城。又十餘里，過響水泉，廣幾一畝，流注江中，山民於其處設水碓。暮泊入[2]索塘。

【校勘】

［1］龜：底本原作“亀”（74 頁 9 行），即“龜”字。下徑改。

［2］入：《日記》作“八”，未得確據，姑兩存之。

十一日。泊新寧州江次。

十二日。仍留泊。是夜，江天微凉，明月如晝。二更後，護貢船有奏樂聲，静而聽[1]之，人聲與八音聲鏗鏗然相和，大抵寬和悦豫之意多，而煩促哀怨之意少，蓋其政寬簡，其民和樂，故其見於音樂，有如是也。雖氣鍾殺運，兵革連年，而海内終於無事，金甌屹然如故，不亦宜乎？於此可以卜人心，亦可以觀政，所謂聲音之道與政通，信矣。

【校勘】

［1］聽：底本原作“咱”（75 頁 5 行），即“聽”字。

十三日。新寧州照給水脚未清，再留一宿。

十四日。泊三江塘。塘左有一江道，可溯雲南達我國。

南寧府

十五日。巳牌，抵南寧府城。兩岸多土山，石碕臨水間有之，無復石山。沿江民居稍密，田土亦饒，黄水牛隨處而有。府城内外屋舍櫛比[1]，商販輻輳，昔稱小南京。今承兵火餘烈，訪之十僅四五云。

十六日。具禬服入城，謁鎮守總兵李起高、左江兵備道王達材。時臣黎峻適因感冒[2]不能行。李寄問我皇上安好，臣等起答皇上安好。李寄問年來禾穀豐登否，又問南國現設幾省道，自富春抵南關幾站地，經幾省，臣等對以本國現設二十四處地方官，餘俱隨問隨答。款茶而退。王無他問，惟語臣等以現增派委員護送而已。款茶亦如之。既回，李送豕二頭，羊二牽，酒二壜，米二箕，具帖贈好。王亦具帖送酒席三，並商委候補府員趙沃廣東人。短送到省。

【校勘】

[1] 比：底本作“枇”，今據文意改。

[2] 感冒：底本作“感暑”，《全集》作“感冒”。按，本書數見“感暑”之病，但如不在夏季，則當爲“感冒”之訛。如三月十三本書底本原作“感暑”，《日記》曰，臣阮思僩偶感風寒，嗽咳頭疼身痛，症狀則爲感冒。今據《全集》改。

十七、十八兩日。仍留泊。

十九日。發南寧,兩岸居民繁聚,屋宇整麗,塘汛亦稍壯麗。一帶土山,邐迤相屬,多栽松杉,間以修竹。間有奇石挺出,纍纍然,如人立松下者,天然位置,亦稍清雅。暮泊冬瓜塘。是夜戌牌末,隨行公派八品行人阮得進病故。

二十日。抵永淳縣城。飭内通事及行隨等,照辦阮得進身後事宜,清款。

二十一日。交縣員刁秉鈞照認,咨由南寧府衙輪咨前途,送回油村隘。

二十二日。開船。入夜五六刻,抵米阜塘停泊。前此率早行晚泊。是日天陰微雨,棹駛良難。

二十三日。午抵横州城。州民經乱,殘燬已甚。是日留泊州前塘。

二十四日。開船。午過茶亭塘。塘在江左岸石山旁。自新寧以往,高岸之上,土山雜出,至此群峰壁立,石皆青色。去塘一里許,右岸有半仙峝,山臨江,右門豁開,洞壑玲瓏,竹木陰翳。又二十里許,至通天岩。是岸邊一小山,洞口臨水,望之有級可通山後,故曰通天。暮泊大灘司,張燈放砲,恭賀四旬萬壽大慶節。

二十五日。過五險灘。又名起敌灘。備禮謁告伏波將軍祠。祠臨江,扁有"伏波勝景"四大字。然後過灘。灘有五:一曰立壁,二曰龍門,三曰虎跳,四曰轉兔,五曰掛蛇。[1]乱石鑿鑿,擁立水中。水勢到此,爲石所拒,湍激洄洑,舟行最爲艱險。相傳祠前有月臨灣,馬公開灘,沉鐵船于此,風雨之夜,或浮出水面。行五六刻許,方出灘,犒賜灘夫、原例,官船過灘,大灘司撥派灘夫護送,篙柁皆灘夫司之,舟子不能獨當也。舟子有差。申刻，抵貴縣停泊。入夜，張燈放砲如前。

【校勘】

［1］范瑞昂《粤中見聞》之《地部·伏波廟》："粤西乌蠻大灘在横州東百里餘。灘有四：曰雷霹，曰龍門，曰虎跳，曰掛舵。"與此記載有異同，此處多一"轉兔"，"轉"字疑爲"搏"字之誤。

二十六日。巳刻，開船。暮泊大灣塘。

二十七日。晚，抵潯州府城。

潯州府

二十八日。仍留泊附郭桂平縣。界内紫荆山産肉桂。昔趙武帝采取以貢漢，謂之潯州桂。是日，偶得一片，試之，辛烈太甚，觸之即入歕鼻，比之廣乂二桂，已不及遠矣，何況清桂。舊説城西白石山洞，窅邃無際，道書目爲二十一洞天，此乃其一。匆匆行色，未暇覽勝也。

二十九日。開船。去城六七里，有黔江自左來，黔江發源自雲南諸山，從[1]柳州東入合流。水極黄濁，至大黄江塘。大黄江自左來，舟船輳集，户宇蟬聯，不減府城。是日早，府員固魯鏗委人惠送對聯茶扇，並活計諸物件。扇袋一、眼鏡袋二、烟包[2]二、雜物包一、小銅壺藉褥一。晚抵南平縣城。具帖謝並賜廣桂四片、沈香十兩，答之對聯三，固手書也。贈僴云："但作得來皆事業；若推不去即因緣。"贈蓮湖正使云："於此間得少佳趣;亦足以暢敘幽情。”贈雲亭乙使云:“掃地焚香清晝永;看花對月故人來。”語有風趣,字畫亦遒美可喜。縣城北門外,是晋平南將軍陶侃生時故宅。後人即其地立廟祀之。縣名平南以此。土人言往年大水,廟流失,今尚未重建。是夜留泊縣城津。

【校勘】

[1] 從:底本原作“泷”(82 頁 6 行),即“從”字。

[2] 包:底本原作“色”,當爲“包”之誤,説見卷一《禮部奏使部禮品物項片》。

三十日。天未明,四五刻開船。巳刻,過白馬塘小泊。舊記言此地有梁狀元嵩五代南漢時人。讀書故址,今爲廟。未刻,過蒙江口塘。江從永康州來,水極清。民居稍稠。自是以往,兩岸皆土山聳立,拖脚帶石,山民臨水而居,茅簷土屋,雖不甚整麗,而前編修竹,背列萬松,菜畦木棧,晻靄蒼翠間,固自清雅可人。江中洲渚,間有可居者,亦復竹樹陰翳,塘汛羅列。草洲塘山,填塞江心,船窻遠眺,宛似神龜浮水,泝流欲上。晚抵藤縣停泊。縣城有江道自東來,水極清,是名藤江。

九月初一日。巳刻,開船。水中浮洲處處有之,沿岸多植水柳。舟人云,水柳根深質柔,水漲時有此以禦風浪,圩塘可免塌卸。自仁和至梧州城,漁家往往於水面疊石作魚梁,有力之家,至數十處,貧者亦一二處。數十里間,散如浮漚,莫計其數,時相貿易,有同田園。是夜宿梧潭塘。

梧州府

初二日。午刻，抵梧州府城。城半在山腰，半臨江岸，三面水抱[1]，體勢高壯。舟航雲集，屋宇櫛比。瀕水人家，亦有聯數大舟建屋其上者。歌舞游街，晝夜不絶。人烟之盛，數倍南寧。粤西諸大水，惟灕江及左右兩江，灕江一名桂江，發源桂林府興安縣，經桂林、平樂諸縣。左江發源本國諒山，經南寧、潯州諸府。右江發源雲南，經泗城、慶遠、柳州、潯州諸縣，至蒼梧合流，注於粤東。左江自潯合右江，水黄濁，惟灕獨清，作翠緑色。皆會於梧，然後東注，故梧獨爲水陸要衝，商賈聚會之所。山川之勝，自古傳有八咏：一曰桂江春泛；二曰龍州砥柱；即繫龍州，又名浮州，在府城東下流十里。按繫龍州一作鷄籠山。三曰雲嶺晴嵐；大雲山在府城北。四曰金牛仙渡；浮洲尾金山岩下，昔有道士牽牛渡江，語舟人曰，船内牛溲，聊以爲謝。視之皆金也，故名。五曰冰井泉香；在城東，陽泉味甘冽，云可千日不臭。唐元結名之曰冰井。銘曰：火山無火，冰井無冰。明韓[2]雍建亭其上，亭内有碑刻大壽字，是吕仙真蹟。按壽字有二，大小異而點畫皆同，王文成識言在大雲山下。舊説何以云然？六曰火山夕熖；對城東南岸白帝廟後，山上常有火光燭天。七曰鶴崗返照；對城西南岸石英山左，南漢太守劉曜斷其脊，有雙鶴飛去，因名。八曰鱷池漾月。在城東門。昔扶南王范尋養鱷千頭，犯罪者投之池中，鱷不食，乃赦之。後鱷[3]化龍飛去。明韓雍改名嘉魚池。弘治間，輦土高築學舍，池益深廣。九疑山在城北，即舜南巡處。相傳猶有遺塚。吕仙廟或言在江心鷄籠山，或言在九疑山。其遇仙處，别名鹿秀山。又會仙山上準提庵，俗亦傳鹿昌公呂仙别字也。遇仙橋即此。併識以俟博考。又士王燮史稱蒼梧人，亦不知故宅所在處。

【校勘】

［1］抱：底本作“拖”，據文意疑當“抱”形訛。

［2］韓：底本作“𠦝卜”（87 頁 3 行），即“韓”字。

［3］鱷：底本作“鶚”，《全集》作“鱷”，今據《全集》改。

初三、初四等日。諸船户留整帆檣篙索諸遡流物件，俟發。委行人吴文貴等往探前貢部甲副使阮有絢、司務阮觀、通言阮有節殯所。已於咸豐八年秋移葬城西南水上義塚處，有碑文記義塚事。又各刻石誌其墓。

初五。晚，移船城北銅鼓岩下。時已薄暮，新月初生，澄江如練，山樓水榭，處處上燈，高低遠近，爛若列星，挂帆鳴櫓，容與三五里間，不異鏡中行也。

初六日。泊古邊塘。

初七日。泊上古欖塘。

初八日。泊欖水塘。

初九日。泊馬江司。司有榷關。

初十日。泊凉風塘。

十一日。泊下符塘。秋高水落，江石纍纍，幾無可容船處。舟人上灘牽拽，不遺餘力。行只十四十五里，甚至日二十里，或十餘里而止。沿江沙坦，間栽蕎麥，漁人多於江面結筏養鸕鷀以捕魚。岸邊數處，有五將廟及楊令公公諱業，五代時，獨鎮山後，名播華夏，後歸宋，號無敵老將軍。炮臺。五將不知何代人，邊有楊文廣廟，廣乃令公之曾孫。傳是宋將。事出

《南北宋外史》。

十二日。抵昭平縣。縣城西里餘,有三烈廟及墓。乃明正德間劉仁官梧州通判,舟行至此被劫,其妻張氏六姐,妾郭氏菊花,女辰秀,俱年十六,義不肯辱,並投江死。官爲旌表,立碑記其事。

十三日。留泊。

十四日。早,移船將發,諸船户納税釐金局,半日不清,不得行。適日暮寒雨,仍舊停泊。釐金局者,乃咸豐六年有旨抽釐濟餉。太平府而上,所過州縣,皆有釐局,似於巡司征榷之外,别有抽釐之令。蓋增取於商民,以助軍餉也。舊例貢使船過司,免檢,此行諸船户間有附帶米粒藥物,蘇撫巡院恐其多帶鹽貨,走私漏征,札飭長短送及沿途巡司釐局,嚴行盤檢抽征,故所至釐局,巡司人逐船踏勘,不勝其擾。中朝所重者鹽課,而抽釐濟餉,亦不得已。於理財奉行之下,有無病商,不可得而詳知也。自九日以後,連日北風寒雨,掩篷悶坐,一日三秋。重以瑣瑣鹽米之故,停棹不前,萬里客愁,何以堪此。

十五日。早發。晚泊桂花塘。

十六日。風晴雨霽,暄燠宜人。棹聲帆影,窕窈山水間,致足樂也。暮泊巴江塘。

十七日。泊大桔塘。

十八日。泊長灘塘。

平樂府

十九日。午抵平樂府。府城下流，對岸土山，有八角樓高三層。問之，或言年來新建，名豐樂樓。城西北岸土山，有楊令公廟。山麓有稱印山者，乃一石阜，方廣數丈，巍然水中，上有八角亭，扁"蒼然亭"三字。行人阮登桀、乙副使親子黄辨親到其處。亭上碑刻題咏甚多。亭聯云："山翠萬重當檻出；水光千里拂城來。"下誌"皖江方炳[1]奎題"。又豐樂詩抄録二。有小均陶成原唱云："樓閣崢嶸倚碧霄，登高南望極天遥。山環百粤分蠻界，水下三江接海潮。遠岸帆來烟漠漠，西風葉落樹蕭蕭。經時不作悲秋賦，笑對黄花滌酒瓢。"李文濤和云："萬里浮雲卷碧霄，一天情景兩迢遥。詩當苦思肩應聳，酒到微醺頰有潮。雁過清溪秋瑟瑟，鳥啼黄葉晚蕭蕭。何因返作江南會，同覔深山掛隱瓢。"味其詩意，似皆翰墨勝流，棲遲游宦者。李詩又似勝於陶。二十夜，舟中偶閱此詩，因識之。

【校勘】

[1] 炳：底本作"俩"，誤。《全集》作"炳"。方炳奎，安徽懷寧人，咸豐二年三甲進士。

二十日。仍留泊。

二十一日。辰牌，開船。兩岸青山，邐迤相屬，茂松修篁，蒼翠滴人。有土山上特起石峰者，有無數土山中，石山三五座屹立其間，瑤篸玉筍，馬鞍鹿角，無奇不有。蓋自長灘塘過府城而上，處處如是，回視太平諸山，似有精粗之别。是日晚，泊劉公塘。

二十二日。巳刻，抵陽朔縣城。城之右太陰山麓，有水月蓮臺，臺石刻《浪淘詞》八首。其一曰《東嶺朝霞》；其二曰《西山晚照》；其三曰《市橋雙月》；其四曰《黌宫萬雲》；其五曰《鑑寺僧鐘》；其六曰《白沙漁火》；其七曰《馬山嵐氣》；其八曰《蠻洞仙泉》。末識"藍田管以玉"五字。詞多不録。又有空明閣、關帝廟、楊令公廟。楊廟旁屋置鐵笠一，傳是楊公故物。笠徑尺餘，形如蓮葉，上圓下八角，刻八卦象。

二十三日。早，開船。晚泊黄皁塘。入夜，微雨。

二十四日。寒雨未止。船行兩山之間，但見緑樹翠竹，弥漫山谷，與白雲相吞吐。時有紫藤紅葉，點綴石上。遠望近觀，千岩萬壑，皆爛如錦繡。白沙緑[1]水之中，峰陰乍隱乍見。岩下水灣，漁舟三三兩兩，浮竹筏泛鸕鷀，與客船若先若後。夾岸甘蔗成畦，濛濛烟雨裏，時見三五人家，茅簷竹籬，阡陌交互，鷄犬相聞。又或山麓洞壑谽[2]谺處，因以爲佛刹者有之；因設塘汛者有之。寒烟衰草，間以金碧，架岩疊石，位置清雅，風簑雨笠，或在山陬[3]，或在水涯。灘聲，篷聲，棹歌聲，山響而谷應者，又相屬也。一卷書，一茗甌，終日筆硯其間，覺桃源去人不遠。夜泊南亭塘，挑燈聽雨書此。

【校勘】

［1］緑：底本作"録"，《全集》作"緑"，據改。

［2］谽：底本作"䜭"(97 頁 5 行)，當爲"谽"，説見七月二十八日。《全集》作"谽"，據改。

［3］陬：底本作"椒"，蓋爲"陬"之形誤。

二十五日。泊龍門塘。

二十六日。午刻,過河泊廳巡司所。兩岸各設釐金局,中列米船,以鐵鎖聯絙[1]之。上列板通往來。凡官商船隻過此,勘驗悉,乃開中間數船放行。是日貢船過廳,釐局照例騐放,至申刻始行。船過象鼻山側,乃一石山突出江岸,將盡處有一洞,高丈餘,望之宛然巨象垂鼻飲江。山頂有古墓,起塔其上,鬬鷄山在江兩岸,昂頭相向。省城臨江,西有一渠,引江水遶城。《地輿圖説》稱是宋時范成大所開。城外南北兩岸人家樓閣相望,亘十餘里。是夜泊舟臨水看山第一樓側。樓上對聯曰:"楓葉荻花秋瑟瑟,閒雲潭影日[2]悠悠。"樓旁有萬壽宫,又有樓扁"臨水看山又一樓"。餘七星岩、棲霞寺、龍隱山、伏波岩諸勝概,烟雨濛濛中,皆不可辨。

【校勘】

[1] 絙:底本原作"絚"(98頁4行),右"互"爲"亘"之錯寫。"亘"可寫作"亙",易形訛爲"互"。今皆改回。後文十一月初九日有"互"(125頁7行),原書校者改作"亘"。

[2] 日:底本原作"共",《全集》作"日",據改。此爲集唐詩聯,前句出白居易《琵琶行》,後句出王勃《滕王閣詩》。

廣西省城

二十七日。早,委行人内地通事,賫帖詣省堂請見。辰刻,臨桂知縣趙準就船稱,蘇撫臺以冬天水涸,陡河不可行舟,應移到公館小住,以便收拾起旱。午刻,雨霽。未刻,趙知縣委將夫轎前就津亭迎接入城内公館安歇。公館在城西文廟左,獨秀峰在其後,府學在其左。凡三重門,外扁"行臺"二字,正中大堂五間,左右房各五間。城中屋宇相望,街衢四列,比城外尤繁盛。是晚,布政佛爾國春具帖訂以來日巳刻驗貢。

二十八日。早,趙知縣到館,請來藩署驗貢。巳刻,各具大朝冠服,率行隨人等恭遞國書貢箱,由中門入。臣等由東角門入,就布政大堂呈檢。入時已見布政員中坐,按察朱文江左邊坐,鹽法道慶福右邊坐,各平列。臣等三揖悉,亦分左右坐,款茶訖,凡三次,第一乳,第二糖果,第三茶葉。布政員飭將國書及貢品之象牙、犀角二項陳于案上,檢視事清,一揖辭回。由西角門出,再恭遞國書貢箱。由中門出,回館安歇。未刻,趙知縣委差役賫帖遞到衣服被褥靴襪各項。天青宫紬面狐皮直擺一件、棕[1]色紡紬面藍衣薄袖裏棉直擺一件、天青宫紬面藍衣薄綢裏夾直擺一件、天青宫綢單直擺一件、棕色紡紬棉小襖一件、棕色紡細棉褲一條、紅呢[2]繡花棉被一床、青緞朝花靴一雙、白紬青細鑲口棉襪一雙。正使、乙使並同。稱承省委遞贈好使部。

【校勘】

[1] 棕:底本原作"㮠"(101 頁 8 行),即"棕"字。《全集》作"棕"。越南抄本常寫"宗"字爲"宋",木旁與手旁混用。

[2] 呢:底本原作"絽"(102 頁 1 行),當爲"呢"之誤。《全集》即作"呢"。

二十九日。武長送岳齡委遞酒席到館款待使部。

十月初一日。文長送李均委遞端硯、筆墨、花箋贈好陪臣。

初二日。辰牌,率行隨人等,各具禮服遞贄見土儀八色各十五，象尾毛、象牙扇、象牙酒盞、絹布、五色紈、玳瑁香盝、桂皮五斤。就撫臺行謁見禮。至轅門下轎，入號房小歇[1]。少頃，放砲三聲，樂作，守備唐紹杰音傑。及趙知縣經引臣等由東角門入，庭前及大門外陳列儀仗。文府州縣以下，武副將以下，各補服左右站班，撫憲補服正中座北上，布、按、鹽道補服，東西座，稍南，布政、鹽道東坐西向，按察西坐東向。臣等參謁禮畢，一跪三叩。捧將咨文一封遞納，撫憲接受訖，邀坐款乳、糖果、茶，次款宴席。每人一桌，酒三行，演戲三齣。臣等起謝宴，一跪三叩。辭回，由西角門出。贄禮品並璧。既抵館，撫憲委送蟒袍料、紗綢、筆墨、香料、茶酒、蠟肉並宴品等項。蟒袍一件、天青色（正使紅色，乙使綠色）綢料二疋、紗料二疋、香珠二串、香包二箇[2]、湖筆二匣、徽墨二匣、湘蓮二匣、細茶二瓶、紹酒二壜、金腿二肘（豚腿晒成[3]金色）。正使、乙使並同。

【校勘】

［1］入號房小歇：底本作“八號小房小歇”，今改。“入號房小歇”，亦見本書十一月初五日。

［2］箇：底本原作“筒”，形近而誤，今據文意改。

［3］成：底本原作“或”，形近致誤。《全集》即作“成”。

初三日。巳牌，就文長送李均公館拜會。該員延入款茶，交出五六片紙，編問吴亞終事，令帶回公館商籌覆照。頃間辭出。帶收行隨人等，具帖將土儀各項贄見藩臺、臬臺、鹽道臺，均稱不敢當。土儀並璧。未牌，就謁撫臺，由去日撫臺飭趙沃，報以本月日再入謁。延入花廳，臣等行謁見禮，一跪三叩。撫臺東向拱立不敢當。既坐，款茶，撫臺慰勞臣等一路辛苦，又問自富春至關上行程幾何。臣等答謂公事莫敢辭勞，自富春至南關四十三站，行程約二十四五日許。撫臺因言昨接貴國助勦咨文一封，不日另奉具由入奏。日下欽奉諭準，馮提督將一萬兵，分五路，越境追勦。貴國應多派兵勇策應，並發兵一二千嚮道。又謂大軍遠征，貴國又爲討買糧米，接濟軍餉。臣等答謂此等款各承上憲大人，咨到下國，自當妥辦，期于共濟。少頃，撫臺謂冬天水涸，陡河不便行舟，應起旱，三四日可到全州。已另飭州員具船迎接矣。良久，臣等辭回，一揖而出。

初四日。回答李長送編問各款，並將回摺草本遞就撫臺呈閱，事清。臣阮思僩、臣黄並具帖將土儀謁見翰林院編修、提督廣西學政楊霽，漢軍旗人，探花。謁禮不敢當，土儀璧。臣黎峻往桂林知府趙元模[1]府署亦然。晚分，具帖同往臨桂縣署見縣員，延入，臣等再將廣南桂二片贈好。縣員登一，並答贈臣等筆墨箋扇各項。初抵館時，每約公事之暇，邀縣員登獨秀峰，竟不果。

【校勘】

［1］模：底本原作“换”。趙元模，道光二十四年二甲進士。《日記》作“模”是。《全集》作“漠”，亦誤。

初五日。整束箱函待發。申刻，委行人恭詣文聖廟、伏波廟、文昌廟、關公廟進香，並將回摺稟到撫臺認發，再具帖稟辭行。夜初更，撫臺委武巡捕唐上林遞將圖章各一盒、筆硯各二匣、花箋各一盒贈好。

初六日。巳牌，發起陸。過獨秀峰下，出北門。峰不甚高，石質甚秀麗。峰頂腰間，亭臺樓閣，參差如畫，顏延年稱爲獨秀峰，良有以也。晚抵靈州縣公館停歇。臨桂趙知縣送至此，辭以明早回省，各以詩贈别。

初七日。早發。午雨微寒，小歇湖南會館。館内祀夏禹王。扁有"功贊平成"四字。未後，雨益甚，加以北風，坐轎中寒慄異常。暮抵興安縣，停宿文昌閣。

初八日。雨止，然山行多風，寒意如昨。暮宿全州山棗分司，司在咸水塘。

初九日。早發。午歇脚山塘。晚抵全州城，住清湘書院。自省城抵全州，如由陡河道行程幾一月，陸行只四日。于沿途岡阜之地，盡栽松杉，而自山棗至全城一路尤多。終日行松陰中，寒風謖謖，蒼翠滴人。將至州城，過飛鸞橋、橋砌石，上建飛屋四十餘間，皆用松杉木。湘源與鷄鳴閣，沿湘上下行，岩畔刻大"壽"字。及放生池，盤石寒泉，與諸詩刻甚多。又有"昇平人瑞"坊門二，州人及豫章、湖南諸商客，屋宇相接，面湘水背湘山，樓觀嵯峨，金碧輝煌，望之宛然一山水畫幅。湘山與在城西寺門臨庯街勝蹟，不可枚數，見《壽佛志》中。倚山，東北臨江，列屋居以千數。州署側有蔣氏祠堂，正中扁題"漢大司馬安陽亭侯"，兩旁書大學士尚書督撫布按名扁以數十[1]，均朱漆金字，餘郎員府縣以下，皆用粉扁墨書，列兩壁，殆以數百計。

【校勘】

［1］十：底本原作"千"，《全集》作"十"，據改。督撫以上名匾數千，府縣員數百，與理未合。"千"爲"十"之形誤。

初十日。巳刻，偕黄乙使謁湘山寺。所至聚觀如堵，寸步不得移，只得上壽佛龕禮拜。山僧款茶罷，即還。經樓寶閣亭塔堂院諸勝，皆不獲縱觀，相視一笑而已。既還書院，令行人支銀四兩進供，並整遞箱函登船。將暮，湘山寺後堂老僧再將《壽佛志》三部投贈，募緣修寺後妙明塔。兵火之後，寺中樓殿亭閣殘燬殆盡，年來募緣重修，現就十之六七。各捐銀一兩進供。

十一、十二等日。以逆風停舟未發。

十三日。放舟。暮抵簑衣渡小泊。雲開日出，暄燠宜人，推窻瞻[1]眺，湘山猶依依不捨。夜泊西瓦窑塘。由湘入湖，水已順流，而冬月北行，常多逆風，是日舟行只三十里。夜二更，李道臺委内通事來送玟瑰露酒，人各一瓶。

【校勘】

[1] 瞻：底本原作"䀡"（111 頁 4 行），"瞻"之俗寫。

十四日。泊六阜頭塘。屬湖南省永州府東安縣地界。塘側俗號兵書山，是武侯藏兵書處。又旁一山，相傳有沈[1]香木一株。按《趙園隨筆》言，明嘉靖中，曾遣姜御史往取兵書，梯而上，但見一棺極大，木質亦甚異，棺中骨大逾常人數倍。因取其木蓋去。兵書之説，蓋謬傳耳。沉香木，蓋亦因木棺事而愈訛耳。

【校勘】

[1] 沈："沉"古字作"沈"。下文有"沉"字，今皆保留。

十五日。晚抵湘口停泊。是爲瀟湘合流處，去永州府城零陵縣附郭十五里遥。瀟江自府西繞城東南，與湘合流，故名瀟湘。岸上有瀟湘祠，牌位題"敕封瀟[1]湘二川之神"。又瀟湘古祠，聞在城北門内，祀舜二妃。妃像祀兩旁，中奉帝[2]舜像。唐僧懷素塔在城東北，高七級。

【校勘】

[1] 此處底本多抄"江自府西繞城東南與"九字，又用⌞⌝標出，以

示删文。

[2] 帝:底本“帝”下又衍一“帝”字,今删衍字。《全集》只一“帝”字。

十六日。天晴氣温,夜月如晝,推篷倚望,江天畫景,爽人心目。

十七日。

十八日。開船。自木瓜塘至臨水塘,一路奇石林立,江邊岸上,如臥如立,如舟如屋,無不蒼秀極目。居民臨流架屋,隨石勢曲折結構,宛然入畫。柳子厚所謂楚南多石,信然。冷水及貢楊二塘,屋宇蕃聚,勝於府城。夜泊鷓鴣塘。

十九日。午過浯[1]溪。偕黄乙使雲亭艤舟登覽。石壁臨江,刻顔書元次山《中興頌》,旁列黄魯直手書游磨崖詩。摹搨者多,字刻俱半已漫漶。崖前建高閣一,崖邊有鏡石,刻“鏡石”二字。高一尺,廣尺餘,黑如漆,以水拭之,瑩然可鑑。鏡左刻一大“央”字,崖邊石刻詩咏甚多。前貢使鄭懷德、阮登第詩各一首尚存。李一枝畫梅竹二石刻于道左,過此上勝異亭,亭下刻“三吾勝覽”四字。又有寶篆亭。轉右是元顔二公祠。祠三間,中奉元次山、顔魯公牌位二,左右各設二蘇、范純仁、范祖禹、張浚、胡銓及唐宋以後諸名人牌位。右壁刻宋張文濳磨崖詩,末識“道光二十七年沈書”。祠右爲僧廬[2],扁“溪園精舍”四字 。兩壁懸息柯居士海琴楊翰所書唐韋詞[3]《修浯溪亭記》。沈楊兩家,筆法俱横逸可愛。蒼老之致,楊似勝之。此外對聯碑扁,息柯書尤多。息柯督元人,前守永州,與祁[4]陽令於桐軒學琴,重修浯溪亭閣,處處留題。二公祠右一里許,有漫郎宅故址。息柯卜築其處,扁“息柯别墅”,又題“愛吾小隱”四字。别墅之左，有縣人陳尚書名大受。墓。墅前隔溪爲浯溪寺。三闕内前貢使王有光詩石刻在焉。寺中有一碑刻蘭石畫。浯溪山雖不甚高，而溪水環繞，雲山拱揖，層樓飛閣，參差相望。間以松柏楓竹，瀟灑如畫。是日，天陰微雨，相與携簦曳履，躡蹬道，步溪橋，坐山亭，蔭竹柏，形神俱爲之清快。陶陶然，落落然，恍乎其忘歸也。既還舟，浯人將石刻諸詩聯搨[5]本求售，龍跳虎卧，驚鴻渴驥，美不勝收，爲買數[6]十本藏之篋中。臨流倚窻，時一展玩，覺浯溪山水常在吾目前也。舟行十餘里，抵祁陽縣。縣城前又有一重城，逼臨江岸，東北隅有小溪注于江，砌石梁通之。居民宇屋聯絡。城舊説有三閭大夫祠，扁“見而人莫不敬”六字。今不知其處。土產葛布有名，上者稱貢葛。又產屏風石，石淡緑色，紋作散雲及山水狀，細滑可愛。土人間將二片上舟求鬻，故親見之。

【校勘】

[1] 浯：底本原作“梧”，依下文改作“浯”。

[2] 廬：底本原作“蘆”，爲“廬”之訛。僧廬，僧舍也。《全集》作“廬”。

[3] 詞：底本原作“祠”，誤。《全集》作“詞”。韋詞，字踐之，中唐人。曾任潭州刺史、湖南觀察使。

[4] 祁：本書底本“祁陽”皆作“祈陽”，誤。《日記》與《全集》皆作“祁”，是。下徑改。

[5] 搨：底本作“塌”，《全集》作“搨”，據改。摹搨也，同“拓”。

[6] 數：底本原作“效”(116 頁 8 行)，即“數”字。

二十日。申刻，開船。過回龍塔下。酉刻，到古州塘。停泊。

二十一日。過白水河。河出永州府寧遠縣界。古春陵縣。河上民居稍盛。晚抵歸陽塘停泊。塘側有小溪道,名龍泉,砌石渠通于江。人家居聚以千數,設有巡司。舊説地産土參,觀之亦是高麗參出廣東所植者,殊未見其佳。

二十二日。泊柏芳塘。

二十三日。泊東陽塘。

衡州府

二十四日。巳刻,抵衡州府城津次停泊。府城附郭清泉、衡陽二縣。城西南有廻雁峰,俗傳飛雁到此而廻,或云山勢如雁之廻。山上有寺,即壽佛夜過借金剛爲行僮處,見《湘山志》。城内外及對城東岸,庯屋聯絡,殆以萬計,商賈船隻亦夥。城北蒸湘合流處,建石梁,開七門,以通水勢。岸上有石鼓山,山之西有諸葛武侯廟,山上今建石鼓書院。城東黄潮汛,旁有宋丞[1]相趙汝愚廟。

【校勘】

[1] 丞:底本原作“亟”,《全集》作“丞”,據改。

二十五日。申刻,開船。暮泊河陽口。

二十六日。泊老人灘。

二十七日。巳牌,抵衡山[1]縣停泊。城南之三十里,即南岳衡山。周圍八百里,有七十二峰,廻雁爲首,廻雁即衡陽縣西南峰。岳麓爲足。岳麓在湖南省城西岸。其最高爲祝融、天柱、石廩、紫蓋、雲密，凡五峰。

【校勘】

［1］山：底本原作“州”。《日記》《全集》皆作“衡山縣”，據改。衡山，縣名，屬衡州府。

二十八日。巳牌，開船。暮泊馬公塘站。

二十九日。泊珠庭站。

三十日。泊龍灣塘。

十一月初一日。午，小泊觀音岩下。江邊石峰壁立，圜削如囷，於第二頂稍平處建觀音閣，扁“大觀在上”四字。旁因山洞爲佛龕，外以樓翼之。又建飛屋五間，以爲游人憩息之所。廻磴飛欄，皆砌石爲之。右數十步，開一坊門，轉達岩後。雨霽江平，山空木落，瀟[1]洒之致，森然滿目。既維舟，從人與舟子等相率登岸縱觀。寒天新瘥，欲往不能，隔窻瞭矚而已。暮泊下灣塘。

【校勘】

［1］瀟：底本原作“洋”，即“瀟”字。下文徑改。五月十四日有“羊條”，即“蕭條”。

初二日。午抵湘潭縣。縣城東臨江，兩岸屋宇櫛比，殆數萬家。水次商賈船隻，十數里間，檣竿森森如竹立。縣界内諸山，多産石炭[1]，大者稱廣炭，小者稱煤炭，舟[2]載擡挑，日以相屬。形質與洋炭無異。人多買以代薪，其利甚溥。自廣西之興安縣、全州以上，沿途諸縣間有之，然不及此地之多也。

初三日。泊包家廟。

【校勘】

［1］炭：底本原作"灰"，《全集》作"炭"，據改。石炭即煤，與石灰迥然不同，下文即作"炭"。

［2］舟：底本原作"再"，不通，當爲"舟"，因形近而誤。《全集》即作"舟"，據改。

湖南省城

初四日。抵湖南省城。委通事賫帖詣省堂請見。

初五日。早，撫院劉琨、雲南人。布政李榕、四川人。按察李廷樟、鹽法長寶道白恩佑、糧儲道彭慶鍾，各具帖問好。午刻，率行隨人等，各具襘服，恭遞土儀詣撫臺行謁見禮。至東轅門下轎，入號房小歇。少頃，放炮三聲，樂作，文武巡捕員經引臣等，由東角門入。庭前及大門外，陳設儀仗，文武左右站班。撫院補服正中座北上，布按東坐西向，二道臺西坐東向，稍南。均補服。參謁，一跪三叩。撫院答揖，恭問我皇上安好，年穀豐登，並慰勞臣等一路艱勞。酬答訖，邀坐款茶款宴，每人一桌，酒三行，演戲三齣。臣等起謝宴辭回。其贄見禮並璧。既回船，撫院委遞縐緞綾袍料、筆墨茶紙、三陪臣每人大紅緞、官緑緞三，藍線縐、醬色線縐袍料各一件，湖筆、徽墨、詩箋各二匣，雨前茶各四瓶。行人通事花綾二十疋、玉湖縐手巾十條、荷包十對、安化細茶二十匣。隨人荷包九封、磚茶三十六塊。酒席就船款給。

初六日。早，委通事具帖禀藩臬道臺請見。臬臺道臺均辭不敢當。藩臺邀以午牌相見。臣等率行隨通事，各具禮服，恭遞贄見土儀，就藩臺謁見。時臣阮思僩因感冒[1]不能行。藩臺辭不受謁禮，揖請就坐，恭問我皇上安好，年穀豐登，並問本國取士之制，及天主初教有無闌[2]入，臣等隨事酬答訖，起謝辭回。贄禮登象尾八條，紈絹、象牙扇、香蠟盞各二，白布一，餘璧。

【校勘】

［1］感冒：底本作“感暑”，十一月初三日應爲感冒，據文意改。

［2］闌：底本原作“攔”，今改。闌入，擅入，誤入也，作“攔”誤。

初七日。午牌，藩臺委遞葛布、香片茶、百合、米粉就船款送。

初八日。因北風寒雨，仍留泊。藩臺委遞己巳年憲書三卷，就船分送。

初九日。未牌，開船。暮泊三泌磯，一名落灘河。湘江自湘潭而上，江流稍廣。長沙府附郭長沙善化二縣爲湖南省會。江中賈船萬計，江上居民屋宇，亘十餘里，城中列庯，又四五倍之。城中濯錦坊，有賈傅即漢武帝[1]長沙太傅賈誼也。廟，云是故宅處，扁有“忠謨遠略”四字。後堂奉屈大夫即三閭大夫屈原也。像，扁“獨醒堂”。又城北有關公廟，即公與黄忠交戰處。又有雲母山産雲母。對城西岸，有嶽麓，是南嶽七十二峰盡處。有書院，宋時所建。又有道鄉臺。宋鄒浩號道鄉，謫衡州，經此，守臣温臺下逐客令，旅店不敢容，風雨夜渡湘江，僧列炬送之，後爲浩築臺，朱紫陽爲書扁，扁曰“道鄉臺”。宋理宗賜扁曰“岳麓書院”。其後有御書樓，傍有四箴亭，刻范浚[2]心箴。後有六君子堂，歷朝碑記在焉。院右爲岳麓寺[3]，有碑，李邕爲文，並書碑，世稱二絶。又岳麓最高處名岣嶁山，相傳有禹碑[4]。以上賈廟、關廟及樓院諸勝皆未暇游覽，蓋以貢使久展，所至以爲異事，觀者擁擠，故不便于行。

【校勘】

［1］漢武帝：賈誼爲文帝時長沙王傅，此或爲作者記憶之誤。

［2］范浚：底本作“范俊”，按，范浚，宋婺州人，理學家，有《香溪集》。其《心箴》見朱熹《孟子集注・告子章句上》。

［3］岳麓寺：底本作“岳岳寺”，《全集》作“岳麓寺”，按，岳麓寺，又名麓山寺、慧光寺，在岳麓山上，無“岳岳寺”名。今據《全集》改。

［4］禹碑：底本作“禹牌”，《全集》作“禹碑”。按，禹碑，即禹王碑，在岳麓山岣嶁峰，亦稱岣嶁碑。作“牌”誤。今據《全集》改。

初十日。微雨，北風甚勁，江流洶湧，舟子不能進駛，仍留泊。

十一日。早，雨霽風止。開船。午過東關塘，商船居屋，頗爲繁盛。暮泊灣河口。

洞庭湖

十二日。巳牌，抵湘陰縣城。城在湖口，有洞庭湘神廟，又有伏波廟。凡過此湖，例先祈風湖廟。是日北風寒雨益甚，未知何日過湖也。

十三日。仍留泊。

十四日。早，備禮禱祠湖神廟。是日暮，微雨。入夜，風浪大作。達旦不止。天氣寒慄異常。

十五日。天將曉，北風愈勁，雪大降。船上積一寸餘。

十六、十七兩日。寒益甚。水罐結冰厚數分，坼起錚錚如玻璃片。

十八日。早，開船。申刻，抵滎田汛汛在洞庭湖東岸。停泊。

十九日。未牌，抵鹿角司停泊。

岳州府

二十日。巳牌，抵岳州府城。附郭巴陵縣。城面湖，岳陽樓在城西。樓邊有三醉亭。湖中君山上，有[1]湘君廟。九龜山在城西南，松陽湖在城西北。

【校勘】

[1] 有：底本“有”下有“湖”字，因上文衍。《全集》有“湖”字，無“湘”字，“湖”恐是“湘”之訛。

二十一日。未牌，開船。申牌，抵城[1]陵磯下荆河口入江。水中多江豚魚。暮泊白螺磯。大江自荆州府來，源出岷山，至岳州，共三千二百餘里。

【校勘】

[1] 城:底本原作"陳"。城陵磯在岳陽,作"陳"誤。《全集》作"城",據改。

二十二日。巳牌,過新堤鎮。屬湖北界首。設有州同駐者。舟楫屋宇之盛,亦一都會處。是日天晴日朗,西風徐來,舟輕帆飽,順流而下,駛如箭激。蒼烟寒樹,岸容如畫,殊覺應接不暇也。日未下山,已抵嘉魚。蓋未終日,已行二百餘里矣。自灘江遡流而後,未之有也。

二十三日。午牌,開船。行四五里,因風停泊。

二十四日。仍留泊。

二十五日。卯牌,開船。晚抵簰州司泊。

二十六日。泊金口司。此處有小江,從斧頭湖入大江。舟帆庯屋,亦一都會。

湖北省城

二十七日。抵湖北省城津次停泊。委通事賫帖詣省堂請見。

二十八日。署理湖廣督部堂郭柏蔭、福建侯官縣人,壬辰進士。湖北撫部院何璟、廣東香山縣人,丁未進士。布政使王文韶、浙江省仁和縣人,壬子進士。按察使鄭蘭、浙江省餘杭縣人,壬辰進士。督糧道丁守存、山東省日照縣人,乙未進士。鹽法道何維鍵、兵備道鍾謙均,湖南巴陵縣人。各具帖問好。

二十九日。巳牌，率行隨人等，各具朝服，詣督部堂行謁見禮。自轅門下轎，至，入東角出西角門，一如廣西湖南儀節。時督部堂撫部院中坐，督東撫西。布按道臺分左右坐。參謁，一跪三叩。督部堂答揖。撫院同然。恭問我皇上安好，年穀豐登，慰勞臣等。邀坐款茶訖，督撫同就坐前宴桌。每人一桌。司道等員，及臣等亦每人一桌。督部堂飭通事告臣等留坐觀戲，勿遽起。演戲三齣畢，臣等起謝宴，辭回船次。頃間，通事來報，督部堂前就津次草茇，欲就使船拜會。護貢李道臺代爲辭以坐船窄隘，不敢邀請。遂回城。委遞緞絹、筆墨、詩箋、茶果各項三陪臣每人硃紅杭緞一疋，官緑杭緞一疋，荆州五采被面一床，六絲大絹一疋，錦緞飯單二條，明綯手巾二條，湖筆、徽墨、詩箋、細茶各二匣，糕餅[1]、酥餃、糖果各五匣。行人並通事五采被面十一[2]床、五采飯[單][3]十一方、緑荷包十一對、印花手巾十一條、茶葉二十二匣、藕粉二十二匣、各項饅頭[4]酥糕相橘六盒。隨人九每[人][5]緑荷包一對、印花手巾一條、磚茶二塊、各項糕酒一盒。並酒席，就船款給。其贄見禮並璧。

【校勘】

[1] 餅：底本原作“餠”，盖“餅”之误。

[2] 十一：底本原作“一十”，據《全集》改。行人通事共十一名，每人一床，故飯單等皆爲十一之倍數。

[3] 單：底本原無，今據《全集》補。飯單或稱罩衣、外褂，飲食時所用以防污損。

[4] 頭：底本原作“餧”，越人造字，今改。

[5] 人：底本原無，據文意補。

三十日。巳牌，具朝服詣督部堂，拜謝去晚就船拜會之意。承延入花廳，以客禮見。用半跪禮，不受拜。坐定，問勞如初謁時。款茶後，出所著《嘐嘐言集》見贈，每人一部。

辭出，督部親送至大堂後中門。隨詣撫臺、藩臺、臬臺請行謁見禮，均辭不受，並璧贄物。延入花廳，以客禮接。問勞款茶畢，起辭，均送至庭前，或至大堂上。回抵船，已上燈矣。

十二月初一日。詣督糧丁道臺行謁見禮。延入花廳，辭不受謁拜禮，土儀並璧。坐定，道臺恭問我皇上安好，並國中一律安静否，再以國史起于何代，及經學試法與中國異同爲問。隨事酬答訖，款點心茶。少頃辭出。詣鹽法何道臺，不遇，幕[1]賓延入款茶而退。

【校勘】

［1］幕：底本原作“慕”，形近而誤。今改。

初二日。省憲委遞皮斗篷[1]形如衣而無兩袖。三件、風帽三件贈好陪臣。又給行人皮袍七件。布政使王文韶贈好每人對聯一、小學四部、《協時憲書》一褋。糧道臺丁守存贈好每人對聯一、《蘭言集》三卷、《築寨圖説》四卷、小學二部、《曠視山房制藝》二褋，又言欲下船拜會，辭以坐船窄隘，不敢仰屈，遂回。王藩臺贈僴云：“靈海澄[2]波，史傳獻雉；裔雲分采，詩附翩雝。”贈蓮湖正使云：“紫極光天，群星北拱；黄支受吏，重驛南來。”贈雲亭乙使云：“望重遐陬，銅龍金馬；貢登上國，菌鶴文犀。”丁道臺贈僴云：“五善貢花，修其禮物；九真丹穴，同我太平。”贈蓮湖正使云：“楓陛近光，星瞻北極；蓂郊輯瑞，日詠南交。”贈雲亭乙使云：“萬里梯航，貢陳筐篚；九天閶闔，寵賚絲綸。”日暮，鹽法道何維鍵贈好每人對聯一，《讀書分年日程》二部。贈僴云：“海東日南，就瞻[3]王會；書勳紀績，秩序庭寮。”贈蓮湖正使云：“豈獨崇爵論功爲事；直作瞻天仰聖之人。”贈雲亭乙使云：“倚海朝天，禮崇公讌；大庭對命，道合同文。”

【校勘】

［1］篷：底本原作“𥶄”，今改作“篷”。蓋越人無此，據漢人音聲而造此字。

［2］澄：底本原作“傳”，涉下文而誤，《全集》作“澄”，據改。此用《尚書大傳》越裳氏朝貢事。

［3］瞻：底本原作“昭”（136 頁 7 行），據文意改。“瞻”字俗寫爲“䀡”，又誤作“䀡”，再誤作“昭”。

漢陽府

初三日。早，護貢李道臺送好《樧湖詩鈔》一部八卷。每人各一卷。巳牌，移船漢陽府。府城倚大別山，又有龜山、鳳凰山，在城東北。漢陽知縣王庭楨具帖問好，並請上館安歇。午牌，飭隨行人等檢點箱擡，事清，使部同詣漢陽書院停駐。年前貢使公館在漢口鎮，自經兵燹，殘毀未復，加以西洋俄羅斯、法蘭西、英吉利通商漢口，現駐漢口下街三百餘家，洋人居此約一千餘，火船自西南來者，在此常有六七艘。每國各設領事一，以中國之廣東、上海人爲通事。此各款係據漢陽縣辦差吴增云然。伊又言西人商賈公平，通商此地已九年，別無他弊。湖北督撫列憲不欲使部與洋人居止相近，故令於漢陽城中設館。吴增又言，府城年前爲賊兵蹂躪已四次，至今城内外屋宇蕭疎，殘垣毀瓦，塞滿街巷，鄂省中國稱湖北爲鄂。省城亦然。黄鶴樓兵亂頹毀，今現重修未完。

初四日。商以年前過漢口，必留歇采辦公貨。十一月三十日，曾[1]以天寒路遠，過漢口應留旬日增飭整辦寒服爲請，督部撫列憲各已許諾。玆小駐漢鎮，而駐府城公館，涉漢買賣，甚爲不便，遣行人齎帖告漢陽縣，擬以日内再下舟往泊漢口，辦行裝，旬日就道。縣員以省憲主意已定，不聽。嗣而護貢李道臺到館拜會，再以情告，道臺亦以身是客，不能作主爲言。且出郭督部帖，言使部不可久留，雖托以稽留，則地方有照應不周之責。其實以西事受虧，恐惹外人耳目也。因語道臺以處此既不便往來買賣，請早定起旱日期，以便整頓行李。道臺謂且俟商覆，良久辭出。是日，湖北按察鄭蘭委遞贈好每人《國語三君德》一部、濤箋一褋、對聯一、贈蓮湖正使云："體國垂制，車書共道；懷文抱質，圭璧之光。"贈雲亭乙使云："搢笏垂紳，翔雲停靄；揚和扢雅，使星之華。"贈僩云："玉節上儀，金相夙望；碧鷄使者，白鳳詞人。"龍井茶二瓶。

【校勘】

［1］曾：底本原作"會"，據文意改。抄本中"曾"字上兩點常作"八"，遂訛作"會"。

初五日。令行隨等往漢口鎮整辦行裝。

初六日。湖北護貢候補府伍繼勛委送每人楹聯二對，長條四幅，《十三經集字》一部，靴頁、扇套、筆袋、搭連各一包。贈蓮湖正使對聯云："雪月同明；雲霞儷來。""圭璋俞潔；韶護[1]參和。"贈雲亭乙使云："坐牽蕉葉題詩句；醉折花枝當酒籌。""經術湛深，文章發越；事理通達，心氣和平。"贈僩云："一擔琼瑤樵斧雪；滿身環珮釣簑冰。""拳石畫臨黄子久；膽瓶花插紫丁香。"

【校勘】

［1］護：底本原作"詓"（140 頁 7 行），即"護"字。韶護，亦作韶濩。

初七日。署湖北漢黄德道監督漢陽關鍾謙鈞委送每人對聯一、贈蓮湖正使云:"鳳質龍文,光華相照;景風淑氣,仁壽同登。"贈雲亭乙使云:"祥麟威鳳,應運而生;景星慶雲,先覩爲快[1]。"贈僩云:"甘露醴泉,是生芝草;桐花竹實,能[2]引鳳凰。"《陳思王集》一部、《包孝肅奏議》一部、《歷代帝王世系表》四套。

【校勘】

[1] 快:底本原作"抉",形近而誤。《全集》作"快",據改。

[2] 能:底本原作"㠯"(141 頁 3 行),即"能"字之省寫。

初八日。委遞帖詣省憲列位辭行。

初九日。湖北督糧丁守存具帖送行。帖云:"啓者。南鍼萬里,琛贐來賓;北極三員,笙簧介祉。横使槎於漢渚,掃客館於鄂城。簡意殊多,蕪衷滋愧。示周行而謦掌故,茅塞頓開;望大雅而切心儀,蒼葭宛溯。此日容舒岸柳,暫賦驪駒;來春曲奏江梅,同招黄鶴。謹此覆達,無任依馳。"知漢陽府艾浚美贈對聯,每人一。贈蓮湖正使云:"有口須言天下事;抗懷不讓古之人。"贈雲亭乙使云:"傳神古有李思訓;問字今無楊子雲。"贈僩云:"十載論文求古劍;一生低首拜梅花。"

初十日。往漢口鎮,謁見鍾道臺。初見用一揖禮。就坐款茶乳酒果。筆問本國節候穀產,及經學與中國同異。隨事酬答。辭回公館,整束行裝。漢水狹小,僅如瀧江。水次船艘填塞江路,岸上列庯商賈皆以萬億計,惟沿途家屋多有新造未完者。大抵兵火之際,玉帛子女,所在亦不知幾番蹂躪者也。洋庯在下街,未之過也。

十一日。巳牌,發漢陽公館。既渡漢水,歷漢口鎮諸街,到下街西洋行。屋皆二三重,樓下通甕門,下開玻璃窗,四面玲瓏如一。外周以繚墻,雖一初開行,而屋宇之高廣,街路之平直,無不井然,視漢民居止,其整潔殆過之。道邊現竪石碣爲界,碣刻云:大英廣隆地界、大英廣福地界。餘俄法二國地界,未見的處。留空地尚多,皆已開渠築道,將來聚闤日廣,規模日大,不知此地又何如也。歷盡洋行,道過[1]江漢税關,關城延亘十[五][2]里[3],形如偃月,上自漢水左岸起,下抵江北一帶,樓堞旗炮相望,關税漢黄德道員監督之,又兼通商事宜。意爲洋人設也。關兵盡用鳥鎗,建大旌繡"江鎗隊"等字,以爲軍號。漢鎮協管統之。出關東行十里,過馬江口,又延岸行三十里,抵灄口河。河北岸有民居,夜因留歇。是日行四十里。

【校勘】

[1] 道:底本作"是",《全集》作"道",無下"過"字。今改是爲"道",存"過"字,于文字較通順。

[2] 十五:底本無"五"字,《全集》有,據補。

[3] 里:底本此處有二"里"字,衍,今删其一。

十二日。早發。一路自灄口以北,築城屯兵凡六處,皆從新建設,殆爲洋人在漢鎮,故有此爾。晚抵雙廟店留歇。是日行五十里。雙廟屬漢陽縣黄陂地界。

十三日。歇楊廟。屬漢陽府孝感縣界。凡行十里。

十四日。歇小河溪。

十五日。歇廣水塘。屬德安府應山縣界。

十六日。午過武勝關。關爲河南湖北二省分界處。蓋自鄧家店以北,一路連峰疊嶂,山雖不甚高,而下溪上阪,屈曲崎嶇,故因以設屯守云。是晚歇李家寨。屬河南省汝寧府信陽縣界。

十七日。到信陽縣城停歇。浉河水在城南,冬乾,水淺可涉。城中民家，太半茅茨不完，亦有磚墻瓦屋，上蓋以高粱稭者。蓋久經兵火，物力凋殘故也。沿路自武勝關北，大抵如此。信陽古申伯國，漢汝南，唐蔡州，即其地。城北道邊有碑，刻“先賢子貢祠”五字。又有子貢爲宰處碑，明何大復故里碑，未詳的處。

十八日。午，過淮河。水涸，架橋以渡。夜歇明港店。

十九日。早，雨雪。午，到西陽店。雨霽。暮抵確[1]山縣城。確山屬汝寧府。宿銅川書院。

【校勘】

[1] 確：底本原作“碻”。《全集》作“確”，據改。下文“確”字底本原作“嵖”，類此。確山縣，清屬汝寧府，今屬駐馬店市。

二十日。隨人九並換轎乘車。車兩輪，用馬或騾驢挽之。午歇練江寨。暮至遂平縣城。汝寧府屬。宿書院。遂平，春秋房子國。

二十一日。歇西平縣城。汝寧府屬。古陳國地。

二十二日。申牌，抵郾城縣城，陳州府屬。宿景文書院。按郾城，古召陵地，屬陳國。城南有碑刻“孔夫子思歸處”六字。又城南五里外，有沙河。西平與郾城二縣，城中居民繁盛，詢之，年前捻匪亦不甚受害。按捻匪於咸豐年間，起於汝寧、南陽二府地，延蔓直隸、湖北、河南、江蘇、安徽、山東諸省，今年夏平於山東。匪之始起也，燒香結社，所至剽奪，故因名之爲捻匪。

二十三日。宿臨潁[1]縣城陳州府屬。潁川書院。臨潁，古潁川地。康熙三十四年，知縣黄宣字石庵，直隸玉田人，例監出身。於南門内路東建潁川書院，置學田一頃十畝有奇，在城東南薛家莊。康熙四十九年，知縣沈近思字位山，浙江錢塘人，庚辰進士，仕至吏部左侍郎，贈太子少傅、禮部尚書，謚端恪。於此大街路西建紫陽書院，置學田。乾隆四十一年，王知縣改建書院於此，即今潁川書院。特于院内之左合祀沈黄二公，以示飲水思源之意，闔邑紳士立碑記其事。去城北六七里，有古城，南門扁“潁封舊蹟”，北門扁“潁川古郡”。

【校勘】

［1］潁：底本原作“穎”。越南抄本中“潁”“穎”常混用。

二十四日。抵許州城停歇。按許州，周許國。漢許昌，即曹孟德奉獻帝遷都處。宋潁昌府，明爲許州，清因之，屬陳國。領縣四。城南門外有文筆塔十二層，城西官道八里有橋，俗訛稱伯陵橋，舊傳壯繆關侯棄曹公歸先主時，追餞於此。圯西作廟以祀，像設甚嚴。右楹塑甘糜二夫人，坐帷車中，有騶從者。左爲曹公策騎，引士伍擎袍與酒以獻。關侯著金鎧胄，横刀立馬，回身左顧。松南老農張德純識於雍正癸卯。德純有對聯云：“亦知吾故主尚存乎，從今日徧逐天涯，且休道萬鍾千駟；曾許汝立功乃去耳，倘他年相逢岐路，肯忘樽酒綈袍。”廟中又有别聯云：“當國屬權臣，輔華胄以回天，去就無非忠漢室；拜書辭厚賜，挑綈袍而策馬，精誠真足格曹瞞。”扁額有“絶倫超群”“來去分明”“千秋一往”“此行千古”“去荆不遠”等字。餘對聯甚多，不能悉録。城中亦有關公及曹公廟數處。城北十五里丈地店，是徐庶故里。

二十五日。歇新鄭縣城。開封府屬。溱洧在城南門外，岸上有子産乘輿濟人處碑。城北有歐公墓碑，刻“宋太師歐陽文忠公墓”九字。又淦山上有子産墓，郭店寨有吕文獻公墓，迎經店有裴晋公墓，皆見舊説。

二十六日。歇新州城。開封府屬。

二十七日。歇草村坡。開封府滎[1]澤縣界内。

【校勘】

［1］滎：底本原作“榮”，誤，今改。

二十八日。午牌，渡黄河。自兩堤抵河岸，各十四五里[1]，河廣八九里。豫州土壤疎鬆，河心泥沙淤淺，冬水既涸，可以撑篙横渡。州渚浮露，處處而有，沙堤易崩，淺槽易溢，無恠乎衝決之歲至也。既抵亢村鎮，衛輝府獲嘉縣界内。貢箱私裝，及行隨人等，因以滎澤、獲嘉二縣於渡河時换夫車，獲嘉措辦不及，遂留滯河濱，不得前行。隨人有至夜五更方到寓，箱擡二日夜，乃始齊到。

【校勘】

［1］里：底本原作“星”，形近而誤，《全集》作“里”，據改。

二十九日。仍留。是夕，村民於門外大路作驅儺[1]之戲。人持一燈籠，及火神牌，鳴金伐鼓，終夜往來不絶。孤村小市，歲暮留泊，坐咏古人“一年將盡夜，萬里未歸人”之句，不覺黯然。

【校勘】

［1］儺：底本原作“灘”。《全集》作“儺”，據改。儺，臘月驅鬼儀式。

己巳年，正月初一日。早，委行人詣文武護貢官遞帖拜年。内通事及其子侄與護貢門屬人等，各到寓賀年。犒賞花紅。日晚，護貢官各具帖合賀，並訂以明早進行。飭行隨收拾待發。

初二日。早發。天霽風和，沙平路静，人家載婦女拜年游春，車聲數十里不絶。淡烟枯樹之間，裙屐交錯，珠華炫麗，若隱若見，致足樂也。晚抵新鄉縣城停歇。按，新鄉屬衛輝府，古鄘國地。

衛輝府

初三日。申刻，抵衛輝府城，附郭汲縣。停歇城北[1]門外橋北庯。按衛輝，古殷都朝歌地。武王封康叔于此。左孟門，右太行，南濱大河，西壓上党，屋宇高闊，街巷寬平，乃豫省一都會處。城西南有夫子擊磬處碑。西北有比干墓，刻"殷太師比干之墓"七字，城内有鉅[2]橋遺跡，均見使程舊説。城去寓館稍遠，未及詳訪其處也。

【校勘】

［1］北："北"下底本原有"南"字，《全集》無，據删。城北不當有南門。

［2］鉅：底本原作"鉅"，爲"鉅"之訛字。《全集》作"鉅"，據改。

初四日。歇淇縣城南關店。按，淇縣，衛輝府屬，周沬土。城南一里外有碑刻"殷朝六七賢聖君故都"九字。城内有三仁祠、康叔祠。在大街西。城北十餘里，有淇水，砌石渠通往來。水淺而清。舊説有緑竹可織席，今無之。至濬縣衛輝府屬。北界，有碑，刻“先賢子貢故里”六字，先賢祠在其旁。子貢祠碑在宜溝鎮南門外。

初五日。歇官溝駟。彰德府屬，湯陰縣南界。

初六日。早發，午過石碑崗。崗北三里，道旁有晋侍中嵇[1]紹墓碑。又北九里，抵湯陰縣城。入謁鄂武穆王岳公廟。廟三重門，正殿祀王牌位，殿後爲正寢，祀王像及王配楚國夫人李氏像，皆古衣冠。正殿後寢，扁對甚多。王手寶筆墨，皆列殿中。古來題咏刻石列庭前，並于牆外嵌石，不可勝紀。後寢左邊一屋，祀王長子雲像。外扁“人倫之至”四字。右邊一屋，祀雲、雷、霖、震、霆五人像，皆冠服秉笏，坐右邊北上。上一屋祀王少女銀瓶娘子，外扁“孝娥祠”三字。左邊外面一屋，祀宋侍郎岳珂珂，王子霖之子。像。廟制極壯麗。庭前松柏數十株，皆合抱參天。謁悉，小坐客舍。王二十五世孫生員岳秀實出家譜圖相示，明太學郭樸爲之序，蓋留守湯陰祖廟者，岳霖之後。餘皆散處江浙、嶺表。廟門前有施將軍全。廟，廟面岳廟，中奉全像，作拔劍欲斬秦檜形，旁奉宋義士隗公牌位。施廟前列鐵像五，蓬頭垢面，向廟中長跪。中二像，右秦檜，胸前刻“奸賊秦檜”四字。左檜妻王氏，胸前刻“奸賊秦檜妻王氏”七字。皆肉袒面縛，以手反接於背後鐵柱，左万俟卨像，胸前刻“和成冤獄宋諫議大夫奸党万俟卨”等字。右張浚、王𩀱兒二像，浚像胸前刻“背正誣陷宋樞密使奸党張浚”等字。王𩀱兒像刻“王𩀱兒”等字。亦皆肉袒梏手。昔有鐵錐，凡入廟禮拜者，必撾擊諸鐵像，幾無完膚，後有知縣姓秦者，藏去鐵錐矣。城北門外有廟，合祀岳王嵇侍中，廟扁“岳帝精忠嵇公節烈”八字。里許有岳武穆王故里碑，又有岳武穆王先塋碑文。數里有周文王演易處坊門及周文王羑里城碑。城内松柏繁盛，屋宇整麗。是晚歇彰德府城附郭安陽縣。南門外瑞升店。按彰德,春秋爲晋地,戰國爲魏鄴地,秦爲上黨、邯鄲二郡,漢爲魏郡,曹魏爲鄴都,後趙、前[燕][2]並都于此。元魏曰相州。南門外五里有宋韓魏公故里碑。洹水在城北門外里許,商賈舟航蕃聚。

【校勘】

[1] 嵇:底本原誤作"稽"。《全集》作"嵇",據改。嵇紹爲嵇康之子,八王之亂中,以身衛晋惠帝,死于蕩陰。蕩陰即湯陰。

[2] 燕:底本原留空,據史實補。

初七日。早發。午抵豐樂鎮,舊説魏武銅雀臺故址在此。鎮北門外爲漳河,是河南、直隸二省分界處。河北岸數十里,邱阜纍纍,相傳爲七十二疑塚。是晚歇磁州城。直隸省廣平府屬。按,磁州亦古邯鄲地。舊説,城内鼓樓坊有二程講易處碑,州北二十五里有漢杜喬故里。

初八日。歇邯鄲縣城廣平府屬。南門外店。北門外有學步橋。又北十餘里,有邯鄲古觀,臺榭池館,花木之盛,恍然仙境。奉鍾離祖像,中堂奉吕純陽像,後堂作盧生臥像,床下作兩童子坐像。一坐床頭持書册,如待記之狀。一坐脚下持酒壺,如待酌之形,甚覺妙趣。

初九日。歇臨洺關。廣平府屬永年[1]縣界内。自河南以北,衣多結左鈕,土地平衍,一望無際,耕田用黄牛及馬騾驢而無水牛。衛相以北,民家多以土糊屋頂,作船篷形。磁州以北,又作平頂如堂基然。

【校勘】

[1] 永年:底本原作"永平",誤。《日記》作"永年"是。清廣平府下轄有永年縣,無永平縣。下皆據改。

初十日。永年縣照給車輛不足，日午乃發。纔[1]出郭門，寒風烈烈，沙塵漲天，捲帷悶坐，咫尺莫辨。申刻，過沙河縣城。風稍止，寒氣猶凜凜也。城北十餘里有宋璟神道碑。刻"唐相宋文貞公璟神道碑"十字。夜抵順德府附郭邢臺縣。南門外義興店。明月如晝，坐咏少陵"客子入門月皓皓"之句，清興悠然，不知春寒之襲人也。城北國士門外有豫讓橋。按，邢臺春秋時爲邢故國；戰國屬趙；秦屬鉅鹿；漢爲襄國，屬趙國；隋以後曰邢州；宋曰信德；元明始曰順德。

【校勘】

［1］纔：底本原作"纘"（160 頁 9 行），楷化當作"纔"，形近而誤。《全集》作"纔"，據改。

十一日。歇内邱縣城順德府屬。中邱書院。按，内邱、漢中邱縣，屬常山郡。城北數里，有孔子贈程子束帛處碑。

十二日。早行。午過臨城縣界。晚歇柏鄉縣。正定府屬。城北十七里，有漢光武千秋亭故址碑。又五里餘，有古鄗城，即光武鄗南即位處。又數里，有漢馮唐墓碑，題"漢車騎都尉馮公佳城"。

十三日。歇趙州城正定府直隸州。考試院。扁"督學察院"。

十四日。歇欒城縣城南門外。按，欒武子封邑。東漢爲欒城縣，後因之，屬正定府。

十五日。早發。去縣北二十五里接獲鹿縣正定府屬。界，十五里接正定縣南界，二十里至滹沱河，五里至正定府城。附郭正定縣。城南門外有漢順平侯趙雲故里碑。城東隅有龍興寺。寺後大慈閣，奉觀音佛像，高七十三尺，起于隋，毁于周顯德，重修于宋乾德。歷代增加修葺，琳宫梵宇，金碧輝煌,爲三晋第一勝觀。是日正值元霄佳節,自欒城北至正定縣,城市村落,處處懸灯結綵,迎神報賽,簫鼓闐喧。夜宿府城,月明如晝,燈光炮响,終夜不絶。聞燕京此夕烟火之盛,尤百倍于此云。正定縣北三十五里,接稾[1]城縣界。

【校勘】

[1] 稾:底本原作"膏"。稾城,即今石家莊市藁城區,據改。《全集》作"藁",異體也。

十六日。歇新樂縣城外正定府屬。西關店。縣北數里,有羲皇聖里碑。按,新樂,漢新市,屬中山國。

十七日。歇定州城外正定府直隸州。西關店。城南有中山故國碑。城中諸商店,多賣眼藥,有名於天下。王殿元店以龍石水爲識,育明堂以白象爲識。

十八日。午,過唐河。申刻,抵望都縣,保定府屬。駐城東關外客店。有堯母鄉碑。或言堯母名慶都,故以名縣。嘉慶始改今名。城内有祠及墓。按《前漢志》,中山國有望都縣。張宴注:堯山在北,堯母慶都山在南。登堯山見都山,故以爲名云云。或説縣名始改,未必然也。又城東道邊,現有堯祠。

十九日。早發。午歇滿城縣保定府屬。方順橋。橋北有故河道總督靳文襄公神道碑。晚抵直隸省城。保定府爲省會,附郭清苑縣。停駐城外西定門店。

直隸省城

二十日。巳刻,直隸督部堂官文、滿州正白旗人。直隸布政使盧定勳、江西上饒縣人,辛丑進士。按察張樹聲、安徽合肥縣人,廩貢。分巡清河道費學曾江蘇武進縣人,廩貢。各具帖問好,並請來見。臣等率行隨各具冠服,遞贄見禮,就督部堂督憲及司道坐次,文武站班,並如各省儀。臣等行一跪三叩禮畢,督憲拱手恭問我皇上安好,及年穀豐登,再問臣等行路安否。隨事應對訖,就坐款茶酒演戲如例。贄禮璧。臣等起辭回館。頃見委員遞到宴桌足給物項。陪臣每人色綾二匹,湖穎、松箋、雨前芽茶、藕粉各二匣。行人每人色綾一疋,雨前茶、湖穎各二匣。隨人香片、藕粉各一匣。

二十一日。仍留。

二十二日。督憲委人請來見。臣等各具襌服入見於花廳,行半跪禮訖,就坐。督憲恭問我皇上安好,今年春秋幾何,並問去年禾穀好否,及臣等何日起身。各隨問隨答。又問幅員[1]幾千里,臣等以三千里對。問[2]府州縣數幾何,以六十餘府二百五十餘州縣對。問通國兵數,對以二十餘萬。最後囑臣等以入京宜約束行人,勿可出外浪走。茶三行畢,臣等起辭回館。督憲送至階外,拱手作別。

【校勘】

[1] 員:底本原作"幀",涉上而誤,今改。

[2] 問:底本原作"同",據文意改。

二十三日。清苑縣换給陪臣行人車十輛，例定三品以上官得坐轎進京，餘皆至此换轎乘車故也。按直隸省，漢涿郡及信都國地，明爲保定府，清因之。領州一，縣十四。全省領府十一，直隸州六，州十九，縣一百二十四。北界邊城，東南際海。省會人民繁聚，屋宇宏壯，雖醬園藥店，無不飛簷畫閣，金碧輝煌，蓋京南一大都會之處也。

二十四日。晚發清苑，暮抵安肅縣城保定府屬。北關店住。按，安肅，漢曰遂城，五代曰安肅，後因之。有易水秋風亭、黄金臺故址，有田光故里。

二十五日。未刻，抵定興縣界保定府屬。北河店住。按，定興，唐以前爲范陽，金始爲定興，後因之。縣南界有唐詩人賈浪仙故里碑。縣城外有一里許，有明忠愍公楊椒山先生讀書處碑。

二十六日。早發。縣北有燕太子丹送荆軻處碑、高漸離擊築處碑。三十里過新城縣界營汛，二十里至松林店，係[1]涿州順天府屬。南界。有樓桑村，有張桓侯廟，有義園，相傳廟有鐵蛇矛一柄，是侯故物。又有侯宅舊井。是夜駐州城外南關平遥店。

【校勘】

［1］係：底本原作“份”。二字草寫相近致誤。《全集》作“係”，據改。

二十七日。早發。過城南門，有聯云：“日邊衝要無雙地；天下繁難第一州，”是高宗純皇帝御製。城北永濟河石橋長二百丈，橋南有坊門，金書“萬國梯航”四字。橋南有御碑，覆以亭，砌黄琉璃瓦。又數十武，有亭扁“一葉通津”四字。三十里至房山縣界，四十里至琉璃河。石橋長七十餘丈，橋南有鎮，有市店。又三十里至良鄉縣城順天府屬歇，城西北有七層塔，又有樂毅墓。

二十八日。早發。午刻到宛[1]平縣順天府屬。界長辛[2]店，整頓行李，待明日過盧溝橋。先是，到直隸省城時，護貢李道臺先委護貢委員兆慶，及同行之原富陽知縣蘇完成瑞入都稟領禮部免勘單過橋。是日，到館，詢之内通事李長發，云兆、蘇二員現已領部單到此相候，並言禮部訂以次日，是二十九日，使節且進四譯[3]館安歇，俟三十日午牌，方準接受表文。蓋二十九日恭遇列廟忌辰故也。

【校勘】

［1］宛：底本原作“苑”，形近而誤。《全集》作苑，據改。

［2］辛：底本原作“新”。長辛店，今屬北京豐臺區。

［3］譯：底本原作“驛”。四譯館即四夷館，順治時隸翰林院，乾隆後入禮部，更名會同四譯館。下徑改。

燕　京

二十九日。早發，五里至盧溝橋。南北各有碑亭。北一碑刻御題“盧[1]溝曉月”四字，蓋燕京八景之一也。按，燕京八景，其一曰太液澄波；其二曰琼島春雲；其三曰[2]西山霽雪；其四曰金臺夕照；其五曰玉蝀垂[3]虹；其六曰居庸疊翠；其七曰盧溝曉月；其八曰薊門烟樹。過橋有盧溝司城，例定官商往來貨物，皆有譏征，惟貢使裝以及護貢官員通事裝擡[4]，皆由禮部移付，所司免征，惟照清單略檢貢箱及公私箱函，依數而已。過城北門，一路沙阜相屬，如濱海地。三十里至廣安門，入外京城，門額上書滿字，下書漢字。道路純砌以石，列廛廣屋，無不彫刻龍鳳，金碧炫麗。路上車馬，轂擊肩摩，騾駝驢馬搬載商貨，繹絡不絶。騾大於馬，耳尾似驢。駱駝大如水牛，而高過之，色黄而尾長，鼠面鵝頸，牛足象蹄，前兩足稍大於後足，聲如麋鹿，背有肉鞍隆起，謂之駝峰，伏則先跪前足，起則先後足，足有兩節。神皋奥區，古稱陸海，詎不信然。行至正陽門，由右門入，過内京城。進内務府四譯公館安歇。是日遇高麗使人於街上，詢之，云，自去臘來此，有陪臣三，行人十七，隨人二十。其人冠紗帽，内用單巾子包頭，外戴[5]平頂紗帽，左右各三稜，中括髮，結珠頂，分官品高下。隨人外戴廣簷圓頂帽。衣交領藍衣，亦有衣白綾交[6]領衣，外披長半臂，藍或醬色，衣腰間均用絲帶，垂至脚，狀貌温雅可喜。

【校勘】

[1] 盧：底本原作“蘆”。盧溝橋或作蘆溝橋，原抄本亦兩用，今統一用“盧”。

[2] 曰：底本原作“四”，形近而誤。《全集》作“曰”，據改。

[3] 垂：底本原作“乘”，形近而誤。《全集》作“垂”，據改。

[4] 擡：底本原作“臺”。裝擡，箱擡，行李也。《全集》作“擡”，據改。

[5] 戴：底本原作“載”，形近而誤。《全集》作“戴”。

[6] 交：底本原作“衣”，不通，據文意改。《全集》此句作“衣交領藍衣、白綾衣、交領衣”，亦有訛誤。

三十日。辰牌，率行隨人等，各具朝服，恭遞國書，詣禮堂候進。至部堂庭前下車，禮司人員邀入主客清吏司房小憩,講話進表儀節。午刻,聞傳呼聲,漢尚書官萬青藜乘車直入部堂後廳,傳喚護貢官李均、岳齡入候。先是,禮司於部堂正中間設黄案一,奉置國書。臣等於階上右邊佇立,提督四譯[1]館禮部主客司花翎郎中裕寬、字澤生,旗人。主客司滿掌印花翎員外郎松林、號嵐亭,旗人。漢掌印主事王福侯字价卿,湖北黄陂縣人。及護貢官,各于左邊站班。少頃,又聞傳呼聲,萬尚書出于黄案左邊,北上立。部司引臣等行三跪九叩禮訖,皆跪。部司轉將國書二劄交[2]臣黎峻加額恭進,部司接,交尚書官捧置黄案上。臣等起,向左邊尚書官立處行一跪三叩禮。每叩,尚書官皆答揖。臣等起立,尚書官恭問我皇上安好,並慰臣等一路辛苦。隨事應答訖,尚書官轉回後堂。臣等向裕寬等各行三揖禮,每一揖,該各員均還揖。畢,升車回館。萬尚書江西德化縣人,庚子科進士,號藕舲。

【校勘】

[1] 四譯:下底本原有"譯卿"二字,衍,《全集》即無此,據删。提督四譯館爲四譯館主官,由太常寺少卿任之。

[2] 交:底本原作"文",形訛,據文意改。

二月初一日。午牌,朝鮮國即高麗。臣三陪臣趙秉鎬投柬相問,因以問答名帖答之。時適有四譯館陳焞[1]、賬[2]房頭目恩普到館,他言趙秉鎬是朝鮮狀元,年甫二十二歲。因問陳焞等以琉球使部何日到京,他言該國間歲一貢,朝鮮每歲冬來朝。又問他西洋事,他言洋人現居宣武門内,他氣習不比同文諸國,故總管内務府大臣以日下本國本使到館,嚴禁閒雜人,不得擅[3]自出入,蓋爲洋人也。若朝鮮人,諸君貢務完,每可相見。少頃,陳焞等辭去,原富陽縣知縣蘇完成瑞之子文悌現官户部八品筆帖式。來見,他言洋人近事,聞粤東有《紀新録》一部者可考，但未可即行耳。日下洋人居宣武門原設天主堂處，由康熙年間用洋人南懷仁、湯[4]若望講星學，修曆法，故爲建此堂。設庯居[5]商，無他生事。該問本國里路、官制、科目、風氣，各相隨事酬答訖，久之，辭去。晚分，朝鮮廕補二品官都通事韓文圭送帖求書對聯，因書聯以贈之，曰："所謂故國非喬木也；吾聞東海有神山焉。"附録内務府諭示：

【校勘】

［1］焞：底本皆作"熇"。"焞"字或作"焞"，誤寫作"焆"，又訛爲"熇"。《日記》作焞，《全集》作"焞"，可證。另本書十月十三日"永淳"之"淳"字，右半亦作"膏"，原校者改爲"淳"，亦可爲證。

［2］賬：底本原作"賑"，當爲"賬"之訛，今改。

［3］擅：底本原作"拡"(178 頁 1 行)，常見之俗寫。

［4］湯：底本原作"陽"。湯若望，來華之耶穌會傳教士。

［5］居：底本原作"屋"(178 頁 7 行)，應即"居"字之誤寫，今改。

總管内務府爲嚴行曉諭事。照得此次朝覲之越南國使臣等，業已到京，在四譯館居住，理宜嚴肅。誠恐附近軍民人等在此諠譁，擅行出入。附派委護軍番役等，並咨行步軍統領，街門派扒弁兵一體嚴行稽察外，爲此示，仰附近居住軍民人等知悉。倘有前次不法事情，及擅行出入者，立即鎖拏懲辦。該弁兵等，如有徇衆等情，定行一並行嚴懲辦，決不寬貸。凜之慎之，毋違。特示。

初二日。委遞以詩柬通問朝鮮使臣。午刻，禮部派四譯館大使陳焞及王世銘、霍[1]作霖三名，賫遞賞項之錦緞紬羅瓷器，就于館之正中間案上陳設。臣等具品服行三跪九叩禮拜領。内進御物項蟒緞八疋、粧緞四疋、紫團金緞四疋、瓷器四件、雕漆盒四件、雕象牙盒二件、黑皮盌四件、玻璃鼻烟壺四件、茶葉四瓶。内賞給臣等每人蟒緞四疋、白羅四疋、大卷八絲緞四疋、羽紬四疋、瓷器四件、玻璃器四件、黑皮盌四件、洋漆小盒二件、玻璃鼻烟壺四件、茶葉四瓶。向上賞項比前届蓋二倍焉。

【校勘】

［1］霍：本書底本皆作“霍”，凡兩見；《日記》作“翟”，凡三見。疑作“翟”是，然未有確據，姑存之待考。

初三日。朝鮮三陪臣趙秉鎬號石藕。送和詩來，並書答。敘該國王姓李，傳系今爲二十八世，年四百七十餘年。漢右北平、遼東、遼西三郡，今屬中國版圖，樂浪、玄菟[1]二郡，屬該國版圖，云云。蓋據來柬回覆也。再贈好海墨五螺，本地色箋十幅，真琉子十个，扇子三把，清心丸[1]十丸，求書額聯，因書一聯云：“風流張翰黄花句；月夜東坡赤壁船，”並“百川東”大字三。附識紙尾云：“己巳春，奉命入貢北京，换館於正陽門内，與貴价接宇，而一揖之難，幾比河清。乃蒙不棄，既賜和詩，又折柬徵書。未見君子，聊借此以識天涯翰墨緣耳。”是晚，黎叔嵩、黄偕之亦送詩贈該使臣，該使臣委送土儀諸物項贈好。

【校勘】

［1］菟：底本原作“莬”，當爲“菟”之誤寫。

［2］丸：底本原作“凡”，因形近而誤。

初四日。未牌，禮部主客司松林、王福保，屬部員外裕長、滿州人，號壽泉。劉錫全，扶西人，號登初。主事善聯滿州人，號星垣。就館拜會。因問納貢日期,該等員言部定於本月初十日,具奏得旨後,即可交貢。申刻,往玉成參店,與朝鮮使金有淵、號藥山,甲辰文科,官判中樞府事。按文科即進士。判中樞府即相臣。南廷順、號芝雲,戊申文科,官禮曹判書。按禮曹即禮部,判書即尚書。趙秉鎬丙寅書狀,官翰林學士。按書狀即狀元。相見。問該國輿圖貢例。各員答言地方二千餘里,日本琉球雖是隣邦,隔層溟,未詳里數,古烏丸、夫餘國,今皆屬版圖。去年十二月初二日發程,十二月十六日入都,程途二千餘里。隨人正官三十,從人二百餘員,貢品東帛苎紙。又問他章服,言是古式樣如此。他因問本國輿圖官制科目,及入貢程途[1]進貢方物,臣等隨事酬答訖,辭去。該使所駐會同四譯館,與本國使館相去只四五十步。初請來館拜會,他辭以中國法嚴,不敢來,故於參店相會云。使館之東,隔數店,有洋人屋,屋上作十字架形,不知洋人駐此多少。中國自與洋約和以後,氣挫勢屈,雖京師根本重地,他亦雜處,不能禁。恐諸國窺其淺深,議其輕重,故於本國使與朝鮮使,雖不顯禁其往來,而每每拘閡,不得如從前之寬簡。觀於直隸督部官之戒飭[2],與朝鮮使之不敢來會,蓋可見矣。

【校勘】

[1] 入貢程途:此下底本原有"進貢程途"四字,重複。《全集》無此,據删。

[2] 飭:底本原有二"飭"字,當有衍文,今删其一。

初五日。午刻,朝鮮大陪臣金有淵贈好清心丸十丸、竹青紙二十張、彩箋二十張、彩摺紙五十幅、别油摺扇三把、筆二十枝、竹篦十个,並和詩一篇。晚分接主客司移付,初六日奉大皇帝詣大高元殿拈香,陪臣應在神武門外瞻仰天顔,明早準寅初刻，到處直候。

初六日。丑正，伴送李道臺、小委員王復吉、大使陳焞、序班陶以謙、譯字霍作霖等到館，臣等具朝服率行隨等，同該各員升車，過外皇城，入東安門，到大路右邊下車，到神武門外扁"神武門"三字。上滿字，下漢字。按，内皇城開四門，前午門，後神武，東東華，西西華。神武門北正對琼花島、萬歲山諸勝。直候，黎明，該各員引臣等就御道右跪，護貢官列跪臣等之後。少頃，見二人相繼持木牌傳呼畢，奉御輦由正中門出。前武官四人，帶劍行，繼扶輦數十員，分左右前導，皆藍緑石珊瑚紅寶石頂。駕過，大皇帝冠墨皮帽，穿元青貢給衣，大黄緞一，前御輦上覆以黄緞，輿輦八人，皆穿紅緞繡金衣。禮部侍郎宗室綿宜跪奏"越南使臣請瞻仰天顏"，臣等仰面恭瞻訖，御輦少停，奉大皇帝問國王安好，禮部官代奏好，臣等首謝恩起，仍跪。駕到大路轉回處，臣等起身回館。午刻，接尚膳司將羊肉各項饌就館，傳稱大皇帝回宫御膳，念臣等一路勞苦，特命宣賜。臣等具朝服拜領訖，給賜來使土物。未刻，接朝鮮使臣南廷順委送土物，摺扇各二把、清心丸各五丸、色筆各五柄、墨各五丁、精紙各五幅，兼送和詩。晚分，接主客司移付，陪臣及行隨人等應以初九日赴鴻臚寺演禮。是日，送好朝鮮使臣象牙酒杯三隻、象尾毛三條、肉桂三片、白豆蔻三兩、象牙扇三［把］[1]、班竹扇三把、光竹扇三把。

【校勘】

［1］把：底本原無，《全集》有，據補。

初七日。密書問朝鮮使臣以洋船曾否來擾，該答言丙寅秋，洋船來侵，隨機捍禦，渠不能肆毒，自此以後，渠反畏縮。因再問捍禦之道，該只答言制敵之道以其國之伎倆，臨時處變，要在當場用幾何如耳云云。大抵洋人之於朝鮮，是初來彼相幾，未可大得志，故暫退耳。我國未與洋約和之前，他亦屢來屢退，其情蓋亦類此。所謂他反畏縮，不無張大其辭。狃小安而忽遠圖，他日之患，正未可逆覩也。

初八日。委遞詩草吟筒就于四譯公館，送朝鮮使臣歸國。該國以貢禮還好，奉旨以初九日出都還國復命故也。

初九日。巳刻，具品服率臣隨人等，詣鴻臚寺演禮。寺右爲習禮所，外門扁"龍亭門"三字，中建六角亭，覆以黄琉璃瓦，扁"習禮亭"三字，内施黄紬帳。大使陳焞邀臣等入門右直舍少憇。一更許，聞傳呼聲，滿卿承繼、漢卿程祖浩等齊到，立于庭左右，屬二三人立于階上贊唱，初唱伊脯，即漢言排班。臣等即于庭外少進二三步排班，繼唱"牙枯離"即漢言跪。[臣等跪下，唱"馨欺盧"，即漢言叩首。凡三，臣等叩首，唱"伊離"，即漢言起立。][1]臣等即起立，再唱"牙枯離""馨欺盧""伊離"如前，三跪九叩禮畢，唱"伊絲盧"，即漢言趨出。臣等即趨出。仍向寺卿等員行三揖禮，每揖，該各員回答亦然。升車並回公館休歇。

【校勘】

[1] "臣等跪下"至"漢言起立"：底本原無，於理不通，當有佚失。《全集》另有二十七字，適與上下文相接，據補。

初十日。仍留四譯館。申刻，奉頒酒果肉食。臣等拜受訖，率行隨人等共赴[1]享燕。

【校勘】

[1] 赴：底本原作"付"，應爲同音之訛，改作"赴"。

十一日。委將包金象尾毛、象牙酒杯、香蠟盝、青油桂皮好送翰林李文田，字仲約[1]，一字藥農，廣東順德縣人，己未探花。現官日講起居注官，五品銜，升用中允詹事府右春坊右贊善。該各員以雷州葛紗、蒲州琴硯、成都牋紙、閩中印塗答贈。

【校勘】

［1］約：底本原作"葯"，形近而誤。《文集》作"約"，據改。

十二日。商以此次恩賞，其御用物件，視與使臣一體無别，應將臣等蒙賞之項納回一半，因具稟由館卿裕寬轉達禮部。裕寬辭以公事，不敢於私室接受，訂以就部商議，事清，三五日内就館知會。午刻，翰林李文田到館拜會，問伊現官參事府，是否入侍經筵，伊言中朝不設太子官屬，此署仍以翰林升用。伊日侍南書房，南書房屬乾清宫，康熙年所設，即前代翰林學士。官無定員，亦無定品，自相國至編檢皆可兼係差使，非專官也。兼起居注日講官，日講即宋代經筵，但宋[1]朝經筵之御是四品以上兼之，日講官則五品以下兼之。侍從官也。因問大皇帝已未親政，伊言兩宫垂簾聽之，樞庭則恭親王也。大皇帝未親政，以聖學尚須納誨故耳。伊又言聖人天禀，直我朝隆福，即今春少雨，一禱即應，可見。以列聖故事考之，可望康乾兩朝昇平矣。問勦匪禦洋近事，伊言江浙亂離，爲紀略者亦多，然流傳京中甚少也。湘鄉曾國公名國藩，湖南湘鄉人，現官大學士，總督直隸。捕獲僞王李秀成，洪秀全之將。供詞一卷，自始至末，皆了了。須已有旨命緝平定逆匪方略，初開館，約六七年方成書。問洋事，伊言洋夷通商口岸非一，現當無事，然各省大吏已刻刻有振作之意。閩中已設奇器局，江蘇亦有之，皆欲習其法以制之。大局則二三年後今上親政始能定也。大約内地無患，則外患又不作，頻年美政，史不勝書。以天意人事計之，似可有轉機。伊因問本國前數年曾與洋夷更戰，年來局面何若，答言丁巳、戊午之間，洋夷曾來下國滋擾，相持日久，互有勝負，後來洋夷約和，我皇上重念兵民久苦，許他于南邊諸[2]地方口岸通商，八年于今矣。然此亦權宜，自治自强之策，方日講求之。大約事勢略與中國同也。伊又言洋夷自爲計則亦左，年年口岸愈多，則生計薄，人分則兵力寡，一旦有事，則起而殲之，獨不見齊人殲于遂故事耶？昨丁卯之歲，該夷大爲朝鮮所懲創[3]。夷攻之，該國只以一弩十矢法破之。其國命軍士人各負一囊沙，戰壘如山，夷礮亦無如之何。及力倦還師，則大弩起而乘其後，夷人死者數千人云。問捻匪事，據伊言，捻匪據城戕官，捻匪但擄略不據，乃流寇耳。捻者，河南、安徽兩省土語，猶云合也。賊自云捻匪，故即以名之。去歲已爲李相國盡殲之矣。李名鴻章，號小泉，安徽合肥人，現官兩湖總督。是日北風，雨雪微降，時天旱已數月矣。

【校勘】

［1］宋：底本原作“中”，形近而誤。據文意改。

［2］諸：底本“諸”下，原有“他”字，因涉上“他”字而衍，今删。

［3］創：底本原作“刅”（195 頁 6 行），“創”或作“刱”，遂訛爲此，今改。

十三日。主客司移付，内務府定以十七日辰刻，遞將貢品由該府登納。

十四日。

十五日。繕修請留恭候萬壽慶節三月二十三日稟文，並與請納回一半賞項稟文交大使焞就部堂稟納。頃見該來言已呈館卿員，俟會同主客司員，查明例定，稟過部堂，一二日方有回信。

十六日。

十七日。主客司移言,十八日早大皇帝親詣大高元殿拈香,陪臣應于神武門外跪送跪迎,準寅初刻前往恭候。是日委行隨各具補服遞將貢品由内務府奉納,事清。

十八日。寅刻,臣等各具朝服,大使陳焞經引就神武門外竚候。卯牌,奉大皇帝駕出,臣等跪送于道左。駕過,起立。約數刻許,駕回,跪迎於道右畢,回館。接李道臺來帖,敘昨稟已向禮部詢明,據云懇請恭祝萬壽,一二日内代奏,必可照準,至頒賞一事,係出聖恩,越日尚有例賞物件,則有分别矣。留祝萬壽,賞賜只及陪臣,此係不可爭執之事,後無復言言爲禱云云。巳刻,同三陪臣往書肆看閲書籍。據各店主云,江南書板爲多,自兵火之後,刻板散亡,未及重刊,書目日闕,而書價日高,職此之故。

十九日。

二十日。富陽縣員蘇完成瑞來館拜會,因恃他看買人參、海狗腎、冰片、空青[1]各項。他言土木地方不産,參俗[稱][2]土木,即高麗參耳。此參性熱,不比人參太和之氣。關東參産於盛京,在山海關之東,故名。且有家參野參之辨[3]。家者爲秧,野者即土産。家者明而淨,野者粗而老。家參力弱,野參力大。總要似人形,武像力大,文像不及,壽星頭越高越好。每一節三年,形愈粗愈好。故鬍鬚[4]多者爲佳。海狗腎乃東海之寶物,十無一真。前文宗皇帝時御藥購用,亦不多得。藥店所將來,不過以西北藏狗腎而賣之,然亦可用。欲求真者,恐徒勞耳。杞子須辨長者爲羊杞,圓者方爲真枸杞。空青石中之水,可治眼疾,此最難真,容爲訪買,或幸得真者。又言藥料須到正陽門外大柵欄胡同[5]同仁堂采買，或可真物。又崇文門外喜鵲胡同藥行，價稍廉而料好。因恃他訪買真正關東人參、空青，並問奇書祕書諸書目，良久辭去。晚接軍機處司屬編交一封，内敘進貢表章，奉旨：覽奏進方物，知道了，其輔進方物，著留抵下三次正貢，以示體恤，該部知道。欽此。

【校勘】

［1］青：底本原作"清"，據《全集》改。空青，礦物名，古人以爲能去翳利竅。

［2］稱：底本原無此字，《全集》有，據補。

［3］辨：底本原作"办"，即"辦"。抄本中"辦"字常寫成"辨"。"办"即"辦"之俗寫，又借爲"辨"。

［4］鬚：底本原作"鬢"，《全集》作"鬚"，據改。鬚指人參之根鬚也。

［5］同：底本原作"月"，《全集》作"同"，據改。

二十一日。

二十二日。

二十三日。接主客司移付，二十四日皇上親詣壽皇殿行禮，陪臣應赴神武門外跪送跪迎。準是日寅初刻，前往該門恭候。

二十四日。寅刻，臣等各具朝服，大使陳焞經引就神武門外直候。卯刻，駕過，跪送跪迎如十八日儀。既回館，接尚膳柏唐阿[1]官名。金文魁、汪榮秀遞將羊肉各項餅就館傳旨頒賜，臣等各具朝服拜領如儀。午刻，偕乙使黄並往順德李仲約贊善寓所拜會。仲約治酒留款，翰林張丙[2]炎，己未進士，江蘇儀徵縣人，號午橋。羅家邵，乙丑進士，廣東順德縣人，號嶧農。曹秉濬、壬戌進士，廣東番禺縣人，號朗川。秉哲字吉之。

兄弟，兵部主事廖鶴年、廣東番禺縣人，字雲鶱，乙丑會元。刑部郎中伍紹棠番禺縣人，字子升。來會。坐間，或問本國史書，或問試法，隨事酬答。晚分辭回，接禮部司抄送請留祝萬壽稟文，部堂於本日奏，奉旨：依議。欽此。

【校勘】

［1］阿：底本原作"坷"。柏唐阿，或曰拜唐阿，滿語聽差也。《日記》《全集》皆作"阿"，據改。

［2］丙：底本原作"柄"，據《明清進士題名碑録索引》改。

二十五日。内務府委員遞將冬服衣帽自陪臣以至行人等及内地通事，每人皮帽一、皮袍一、棉襖一、皮領一、棉袴一、套袴一、尖頭花一、襪一、帶一。就中皮袍有黄狐白羔之别，衣袴有紬絹之異耳。就館傳旨頒給。臣等率行隨等，各具冠服拜領。晚分，禮部交到回納賞項稟文。萬尚書於年號後批云：據稟均悉。查本年二月初二日頒出賞件，乃皇上軫念遠人，特恩加賜，厚薄多寡，聖心自有權衡，原不拘於例。按該陪臣請將回納一半之處，殊於體制未洽。至此次四貢並進，所有例賞紬緞等項，本部已援[1]例奏請，俟得旨後，在午門頒發，該陪臣聽候遵行，毋庸瀆請。原稟交還。

【校勘】

［1］援：底本原作"扖"(204 頁 6 行)，即"援"字。

二十六日。

二十七日。

二十八日。

二十九日。

三十日。

三月初一日。

初二日。主客司移付，初四日大皇帝詣大高元殿行禮。使臣應于是日寅初，直候神武門外。

初三日。

初四日。寅刻，臣等具朝服詣神武門恭候大駕，行跪送跪迎禮，儀節如前。回館，接尚膳人員遞將羊肉餅餌傳旨頒給，臣等各整冠服拜領。是日寅刻晚分，又[1]獲細雨，蓋農望已數月矣。

【校勘】

［1］又：底本原作“各”，不通。前月十二日有微雨，故此應曰“又獲”。

初五日。

初六日。

初七日。

初八日。

初九日。委行人陳清廉探問蘇完書雲子，餽以桂。既反，書雲回贈《蜨華館詩鈔》《聖諭廣訓》各一部，圖章各二顆，垂絲海棠花各一枝。其子文悌畫花鳥十餘幅並見遺云。

初十日。

十一日。

十二日。主客司抄録上諭，準以十三日詣大高元殿拈香請雨，惇親王奕誴、恭親王奕訢分詣靈祠祈禱。使臣應照例于神武門外跪送跪迎。

十三日。寅刻，具朝服詣神武門外竚候駕過，送迎如儀。既回館，蒙賜羊肉餅餌。是日臣阮思僩偶因感冒[1]不能行，禀部告欠。

【校勘】

[1] 感冒：底本作“感暑”。《日記》于三月十二日云：“臣阮思僩偶感風寒，嗽咳頭疼身痛。”此處“暑”當爲“冒”之訛。

十四日。

十五日。

十六日。早，微雨。午刻，山東候補道劉辰霖、候補府周垚二人皆貴州人，以軍功議敘，得來京引見。來拜會，寒暄畢，話數刻而去。

十七日。

十八日。

十九日。

二十日。

二十一日。早，主客司移付，三月二十三日萬壽聖節，越南陪臣[1]應由東長安門進天安門、端門，在午門前隨班行禮。又内閣片，交越南陪臣，於本月二十二、二十三日，入寧壽宫聽戲等因。此二日，陪臣應由東安門進天安門、端門、午門，出協和門，入寧壽[宫][2]聽戲。午初刻，中允李仲約來會，並以寧壽宫戲單，因言聽戲時候總約十有八刻。又言是日預宴，係一品以上。該員與户部侍郎潘祖蔭、江蘇人。國子監司業黄鈺、安徽人。翰林編修歐陽保極湖北人。四人均係侍從内庭，得預。内庭、翰林皆文學供奉之官，班次在外庭上。康熙朝以中書舍人高士奇、翰林學士張英充之。嗣後大學士下至編檢皆充之。南書房時未設軍機，此即樞密。及雍正後，以西邊未定，羽書旁午，乃分置軍機，仍以南書房人充之。今則軍機是樞密，南齋爲詞臣耳。職備顧問，及恭代御書御製。款茶畢，辭去。未刻，禮部派陳焞、陶以謙等遞將賞項之紬緞、羅絹、文房、寶玩陳設于館之正中間。臣等具朝服叩領如儀。内進御物項鑲玉如意一柄、大卷緞五疋、蟒緞六疋、綢緞二疋、粧緞六疋、蟒緞抵。錦緞二疋、圓[3]金抵。大紡絲五疋、大卷羅抵。各色紙二卷、每卷十張，共二十張。漆盒硯二方[4]、湖筆二匣、每匣十枝，共二十枝。墨二匣。每匣五錠，共二十錠。内賞給臣等每人大卷緞一疋、彩緞一疋、蟒緞抵。小卷八絲緞二件、羽紬抵。小卷五絲緞二件、羽紬抵。各色箋紙二卷、每卷十張，共二十張。湖筆一匣、十枝。墨二匣、每匣五錠。漆盒硯一方。

【校勘】

［1］臣：底本原作“司”，《全集》作“臣”，據改。

［2］宫：底本原無，據上文補。

［3］圓：底本原作“冏”。下文有“圓金”之稱，《全集》亦作“圓”，據改。

［4］二方：底本作“二匣方”，下文及《全集》無“匣”字，今據改。

二十［二］[1]日。黎明，具朝服，館大使陳焞前引就東長安門下車，入天安門、端門、端門外天安門内，左爲太廟，右爲社稷。午門，門内正中爲太和殿。門有中左右三門，轉左出協和門，過文華殿西垣，至錫[2]慶門外兵舍小歇。至辰刻，入寧壽門，過皇極殿，右直房賜早飯訖，由右轉養性殿門前，至寧壽殿前太監房直候。久之，大皇帝並兩宫皇太后駕到養性門入，門前設大樂一部。三宫駕過各鳴擂一次。少頃，歌鼓作，有敕宣召禮部侍郎察杭阿滿州人。經引就閲是樓之西廊，列坐階上。察杭阿坐墩第一，臣等繼列其次。入坐，先叩首而後趺[3]坐。午後，賜點心糖果滿語謂點心爲克什。及奶茶。未末，歌闋將終，自《萬壽祥開》至《吉祥獻壽》凡十三齣，終曲凡十有八刻一分。敕賜歸，百官趨出。臣等出尋舊路回館。晚分，館使陳焞等遞到行人隨人賞項頒給，內行人每人羽紬二疋、銀二十兩[4]、隨人銀十兩。臣等飭該等各具冠服拜領如儀。

【校勘】

[1] 二十二：底本原作“二十”，下“二”字據文意補。

[2] 錫：底本原作“賜”，《全集》作“錫”，據改。錫慶門在今內廷外東路，寧壽宮區西南隅。

[3] 趺：底本原作“跌”，誤。據文意改。趺坐，雙足交疊而坐。

[4] 兩：底本原作“刄”（212 頁 4 行），當即“兩”字。

二十三日。寅初刻，具朝服詣午門前直房竚候。辰刻，聞放炮聲。凡館使、譯字生人等，引到午門前右邊排班。諸王及二品[1]以上官，班乾清門以外。三品以下，則班在午門外。時午門正中門不開，門外亦無人贊唱，忽見前列人等，匆匆跪叩，臣等據通事人等所言，亦隨人跪叩。方禮拜間，見觀者亦有擁擠行間，文員亦有混列右班，朝會大禮如此不整，無人舉劾，亦一異也。禮畢，復[2]由協和門出入寧壽宮右直房早飯罷，禮部右侍郎温葆[3]深江蘇上元縣人，壬午進士。引到太監直房竚候。辰末，大皇帝並兩宮太后駕過，鼓樂作，奉敕宣召，仍照次列坐。遥見正殿中間，施榻一，上施青綢帳，兩宮立帳前看戲。御前諸大臣太監等趨侍如常。儀節極簡易，方駕過養性時，乘步輦，百官兵丁環立御道邊，不聞有呵止遮攔[4]者，亦此類也。宮殿規制極高廣，而無錦繡珠玉之飭。殿壁空隔[5]，盡糊白紙，簾帷只用青布緣而已。宣宗恭儉之化，蓋宛然猶存。午賜點心、奶茶畢，再蒙賜每人玉如意一柄、白玉瓶一件、鼻烟壺一件、瓷器花瓶一件、紅牋一盒、荷包四件、花綢二疋。時侍宴諸臣，亦同受賜。是日歌闋自《福禄壽》至《萬壽無疆》,凡十二齣,終曲約亦[6]十八刻。未初刻,樂闋,叩首趨出。

【校勘】

[1] 二品:其下底本原有“官”字,與下重出,《全集》無此,據删。

[2] 復:底本原作“漢”。因形近而誤,據文意改。《全集》作“後”字,恐非。

[3] 葆:底本原作“藻”,誤。《全集》作“葆”。温葆深,字明叔,江蘇上元人。道光二年壬午科進士。

[4] 攔:底本原作“捆”,不通。形近而誤。《日記》《全集》皆作“攔”,據改。

[5] 隔:底本原作“隔”(214 頁 4 行),即“隔”字。

[6] 亦:底本原作“六”,因形近而誤。二十二日聽曲共十三齣,終曲十八刻,故此曰亦十八刻也。《日記》《全集》皆作“亦”。

二十四。日午,李宫允來會,因問知兩太后垂簾,一是慈安皇太后,乃文宗顯皇帝所立皇后,一是慈禧皇太后,親誕帝躬。同治改元,始上尊號。

二十五日。往伴送李道臺就公館拜會。談次,該員言已字寄直隸藩臺,飭整扛轎,並輪咨前途。係行至新鄭,改道直走樊城下船,五六日又抵漢口,可省七八日炎天旱走之勞云云。款茶畢,辭回。

二十六日。

二十七日。

二十八日。李宫允和送留别,仍訂三十日來寓作别。又接主客司移付,四月初一[1]日夏享太廟,前一日三月三十日大皇帝親詣行禮,陪臣應在午門[2]跪迎後跪請聖安。準是日丑刻前往。

【校勘】

［1］一：底本原作“七”。下文曰“前一日三月三十日”，則此日爲四月初一日，明矣。《全集》即作“一”，據改。

［2］午門：底本原作“午間門”，“間”字當爲衍文。

二十九日。

三十日。丑刻，各具朝服，由大使陳焞經引過東長安門、天安門、端門[1]，入午門右朝房直候。辰初刻，午樓嚴鼓，禮部右侍郎宗室綿宜帶引臣等于甬道左跪迎，駕過，起立。是日大皇帝御祭服，前導曲柄黄繖一，豹尾旗旐、弓翢矢箙、御鎗，後扈闕，左右陳五輅，兩邊朝房陳列旐麾幟、華蓋。扈從親王大臣至午門皆上馬從。辰末刻，駕回，嚴鼓如前。臣等跪于道左，侍郎綿宜跪奏越南國使臣恭詣請祝聖安回國。大皇帝寄問國王安好，臣等叩首謝恩。駕過，起身回館。巳刻，往順德李宫允寓舍辭别。談次，訪知現奉上諭，準于滿州蒙古漢軍八旗内，選秀入宫，充選者十餘人，册立則仍俟一二年後舉行。至大婚[2]儀節，先期議定，諄諄於物力未裕，軍務未平，宜崇節儉而戒奢靡等意。皆大臣倭仁蒙古正紅旗人，現官文淵閣大學士弘德殿行走。唱明之，而兩宫皇太后采行之也。頃間，候補道臺張蔭桓、廣東南海縣人，字樵野。番禺舉人張兆鼎[3]、字現秋。翰林潘衍鋆、南海縣人。並廖[4]雲鷺、伍子昇、宫允弟文冏字潛叔。皆來會，茶罷，以事辭去。李君固留置酒作别。申刻回館，接尚膳員人遞將羊肉餅餌，傳旨賞賜冠服，拜領如儀。

【校勘】

［1］門：底本原作“行”。書中數見自長安門，入天安門、端門，據改。

［2］婚：底本原作“揺”，形近而誤。《全集》作“婚”，據改。

［3］鼎：底本原作“鼏”，即“鼎”字。

［4］廖：底本原作“寥”，形近而誤。《全集》作“廖”，據改。廖雲鼇，即廖鶴年，見前二月二十四日。

四月初一日。

初二日。

初三日。接主客司移付，準陪臣于本月初五日，前就午門領賞。

初四日。

初五日。辰刻，臣等具朝服，率行隨人同大使、序班人等，並文武長送[1]官、内通事等，前就午門領賞，照見午門前正中間，設敕書黄案，左邊稍南，設賞項，黄桌子。弁兵排列整肅。巳刻，禮部右侍郎温葆深、館卿裕長及鴻臚寺卿、禮部司員、侍儀、科道，各于甬道東立班。文武長送、内通事與臣等于甬道西排班。鴻臚寺滿序班鳴贊，長送及臣等行三跪九叩禮訖，臣等再跪，主客司員外松林捧將敕書筒，交大使陳焞，轉授臣黎峻奉捧加額，轉交行人吴文貴祗領。臣等起，前進數十步跪下，禮部屬人等捧將賞項，交臣等照認。事清起退，復原班立。鴻臚鳴贊，文武長送並臣等及通事等，行謝恩禮。三跪九叩，禮畢趨出。接護貢委員兆慶詳稱承禮部堂大人傳謂，使部經準初十日起程回國，部只給馬疋而已，車輛應由使部自行雇辦等語。既回館，點檢敕書賞項，歸置清安，仍繕文具稟，李道臺爲之轉稟禮部堂，請照歷届例備給車輛馬疋，至日出京，如不果給車輛，請[2]納回［所給］[3]馬疋，仍自雇車馬起行。日晚，接主客司移付，初十日起程回國。附錄：敕書賞項如左。

【校勘】

［1］送：底本原作“途”，據下文改。

［2］請：底本原作“清”，《全集》作“請”，據改。

［3］所給：此二字底本無，《全集》有，據補。

皇帝敕諭越南國王阮：

朕惟昭德懷遠，盛世之良規；修職獻琛，藩臣之大節。輸誠匪懈，寵賚宜頒。爾越南國王阮，屬在遐方，克修丹悃，遣使齎表納貢，忠藎之忱，良可嘉尚。書用降敕獎諭，並賜王文綺等物，爾其祇承，益勵忠貞，以副朕眷。欽哉，故敕。

例賞越南國王：午門二分賞。錦八疋、蟒緞八疋、蟒紗八疋、圓金八匹、紗十二匹、緞十八匹、春綢十八匹。

賞該國王：午門。錦八匹、綾緞八匹、蟒綢紗八匹、圓金八匹、紗十二匹、緞十八匹、春綢十八匹。

加賞該國王：二月初二日。蟒緞四疋、蟒綢四疋、瓷器四件、茶葉四瓶、雕象牙盒二件、梅花粧緞四匹、紫圓金緞四匹、雕漆盒四件、玻璃鼻烟壺四件、黑皮盌[1]四件。

加賞該國王：三月二十一日。鑲玉如意一柄、大緞五匹、蟒緞六匹、閃緞二匹、蟒緞六匹、圓金六匹、大卷羅五匹、各色絹二卷，二十張。漆盒硯二方、湖[2]筆二匣、二十枝。墨四匣。二十錠。

【校勘】

［1］盌：底本原作“宛”。《全集》作“盌”，即“碗”。據改。

［2］湖：原作“糊”，形近而誤。湖筆，因産於浙江湖州得名。《全集》作“湖”。

同治八年四月初三日。敕命之寶。右漢字,左滿字。滿字同前倒看。凡滿字亦直行,但先由左行讀而後及右行,與漢字不同。

一陪臣、行人、隨人、各蒙賞二分。

賞陪臣三員:午門賞以下。圓金各三匹、緞各八匹、春綢各五匹、繭綢各五匹、紡絲各二匹、布各一匹。

賞行人七員:在途病故行人一員。緞各五匹、春綢各五匹、繭綢各三匹。

賞從人九名:繭綢各三匹、布各八匹。

賞陪臣三員:圓金各三匹、緞各八匹、春綢各五匹、繭綢各五匹、紡絲各二匹、布各一匹。

賞行人七員:在途病故行人一員。緞各五匹、春綢各五匹、繭綢各三匹。

賞從人九名:繭綢各三疋、布各八疋。

賞陪臣三員:圓金各三匹、緞各八匹、春綢各五匹、繭綢各五匹、紡絲各二匹。

賞行人七員:在途病故行人一員。緞各五匹、春綢各五匹、繭綢各三匹。

賞從人九名:繭綢各三匹、布各八匹。

賞伴送官四員、通事四名:彭緞袍各一件。

初六日。

初七日。晚分,禮部司遞交公文八封,内貯公文九件。一道敘到京日期;一道敘禮部覆奏到京摺咨録事;一道敘本國疏表得旨事;一道敘禮部擬丁巳年、辛酉年、乙丑年貢物留抵下三届正貢事;一道敘使臣請留躬祝萬壽節得旨事;一道敘節次賞項及使臣瞻仰跪迎賞賜充食事;一道敘本月初五日午門領賞事；一道敘午門領賞清單；一道敘本月初十日起程回國事。又接主客司移付，使臣應于本月初九日巳刻赴禮部領宴。

初八日。委人雇車，各店車頭無一肯應者。蓋兵部司先以不給車與伴送官作難，以爲賣賂地步，伴送不肯受費，故兵部嚴飭車店，不得與使部雇借。賄賂公行，不顧國體，一至於此，可嘆也夫。

初九日。辰刻，臣等各具朝服赴禮部，先于主客司竚候，至巳刻同伴送李道臺就部堂庭前行領宴禮。是日早，部司于部堂庭右邊張青布幙，于中間設案一，南向。禮部萬尚書拜位第一，李道臺拜位第二，使臣拜位第三，皆用椶薄藉地上。鴻臚寺序班鳴贊，三跪九叩畢，序班贊"請大人升堂"。堂中間列板上施椶薄，正中爲尚書官宴桌。右邊爲陪臣宴桌，凡三。右一間爲伴送官宴桌，凡四。既就坐，先奶茶，次酒三行，畢，起趨青幙次行謝燕禮畢，向尚書官行揖禮，並呈遞辭行回國帖子訖，回館。仍延請李道臺相就商議應用銀錢，由李道臺再向兵部司求給車輛，以及明日出京。道臺謂已委兵部尚書辯説清，車輛早晚當亦足數。道臺辭回。接見部司遞到原宴桌三。又接内務府遞到伴送官及臣等以至行人、隨人、通事宴桌十五，臣等各具朝服祇領。晚分，接道臺手筆，言兵部給雇三輛，道臺借他代雇十輛，尚欠八輛，方派緊行覓雇，其雇銀如何，祈約定之等語。因商答車尚欠八輛，祈緊派覓雇務足，至如雇銀，俟一律雇清，費干奉還。

起程回國

四月初十日。出城,宿南門外永升店,俟雇足車輛早發。是日,天氣極熱,入暮微雨生凉,塵襟如洗。

十一日。巳刻,雇夫車齊足,起程。申刻,過盧溝橋小歇。既行,微雨。暮抵良鄉縣北關店宿。入夜,大風,微雨仍降,寒氣如秋。行李太半因雨不前。

十二日。午,行李陸續到齊。縣員又與伴送官作難,不肯輪咨前路,仍留不發。客路無聊,歸心如箭,終日掩門相對而已。伴送李道臺委通事農富有、李長發等來言,良鄉縣知縣毛璋求索銀八十兩,方肯咨前路。挨次備給車馬,今行橐空空,無以應事,助給三十兩銀,即委録事吴文貴照數遞交。紀綱壞而寵賂章,一至於此耶!

十三日。坐待至巳刻,縣吏給車,只有篷車六輛,駱駝三疋,裝載行李。坐車只有六輛,行隨等不能分番徒步,擬將再留一宿,委人回部禀辦。該縣員聞知,乃增給坐車四輛,進發,已未刻矣。入夜二更,始抵涿州,行至黎明乃到。

十四日。涿州縣員亦短減車數,不得發。王、兆二委員再四催促,至申末刻,車輛方齊足。行十四五里,明月已東升矣。終夜犇馳月中,寒氣如冬,夜盡四更,乃抵定興北河店。行隨等多有至黎明始到者,行李則又遲數刻。

十五日。卯刻,定興縣早將車輛齊給。辰刻進行。申刻,抵安肅北關店住。自十一日出都以來,所未有也。

十六日。午發安肅，晚抵直隸省城。委通事齎帖禀到。

十七日。早，清苑縣員委送原寄坐轎。整辦，以及明早起行。午刻，具品服晋謁督部堂曾公國藩。湖南湘鄉人。咸豐三年江南匪變，曾公方官禮部侍郎，疏請回籍練勇討賊。同治三年收復江南，功第一。升太子太保，世襲一等侯爵，兵部尚書，兩江總督。弟國荃功亞之，擢江南廵撫，世襲一等伯爵。今現以病家居。曾公現官武英殿大學士，總督直隸。本年二月自江南移節。延入花廳，行一跪三叩禮。曾公立答揖，不受拜。坐客於東，椅西面，主人西坐。問我皇上安好及年穀好否，試法經學詩文學如何，臣等隨事酬答訖，又問西洋人每往來我國否，答以現通商南陲海口。款茶三次，臣等辭回。送至門外揖別。既抵館，隨委人遞送行帖。申刻，督部堂門處主事陳蘭彬、廣東人。蕭世本、四川人。同知薛福成、江蘇人。吴汝綸等，同來拜會。伊等問本國試法兵制，又問本國又從天主教否，臣等答以愚民間有從之者。因問他廣東西洋現情如何，他答言他現雖往來省城，亦安静無事。日下中國經改定和約，他等已寄回呈諸西國王，尚未有來信也。日暮始辭去。陳、蕭、薛、吴諸人，類皆通達政事，筆話疊疊可觀。曾中堂稱爲賢相，觀其所取門客，蓋可知也。又觀大堂東房中堂，自述楹聯有云："雖賢哲未免過差，願諸公讜論忠言，常攻吾短；凡堂屬亦同師弟，使僚友行修名立，方盡我心。"謙恭雅量如此，宜其能用人以成大功也。是日，護貢李道臺送廣西蘇撫院寄該員書，言太平一帶，吴逆回竄，我國現在咨催提軍出關勦捕，思恩一帶，亦已派勇進勦九千等處，惟勇餉日增，窘况如前云云。

十八日。早，督部堂派都司鄧業良送好手書楹聯横幅大字，每人各一。送蓮湖大字云"鹿鳴敦好"，楹［聯］[1]云"德業舊傳霄漢上；政聲多在道途間"。送雲亭乙使大字云"東箭南金"，楹聯云“多才自有雲霄望；健思潛搜海岳空”。送僴大字云“龍翔鳳翥”，楹聯云“新篇波瀾恃皓蕩；古人廉陛要躋攀”。巳刻起程，未刻，抵滿城縣方順橋中伙。酉刻，抵望都縣宿。

【校勘】

［1］聯：底本此字原闕，《全集》有，據補。

十九日。歇定州公館。[1]

【校勘】

［1］此處多抄“城縣方順橋中伙酉刻抵望都縣宿”十四字，又以⌞⌝标出，以示删文。

二十日。歇新樂縣公館。

二十一日。宿正定城崇因寺。寺在城北門中稍西，院落清幽，花木四列，連日風暑中，邂逅借榻，瀟洒宜人。九品通事武登珶病劇身故。

二十二日。照辦武登珶身後事清，巳刻進行。晚歇欒城縣南關店。

二十三日。歇趙州城内考試院[1]。

【校勘】

［1］院：底本原作“法”。《全集》作“院”，據改。

二十四日。歇柏鄉縣城南。

二十五日。歇内邱縣中邱書院。

二十六日。歇邢臺縣城南關外。

二十七日。歇永年[1]縣臨洺關。

【校勘】

[1] 年：底本作“年”，又校改爲“平”。《全集》作“年”，是。永年今屬邯鄲。

二十八日。午過邯鄲古觀小憩，觀書楹聯及題壁詩甚多。惟蒙古人聯捷吕祖堂聯云：“富貴有同情，豈必癡人方入夢；神仙亦好事，故留幻境徧徵詩。”盧生堂云：“君至今尚未醒耶，不審比年來，又歷過幾許繁華、幾多清淨；我到此亦是梦耳，但願畢生裏，也幻出終身富貴、終古神仙。”語有妙趣。盧生堂有二絶云：“三十曾提十萬兵，同袍隊裏最[1]年輕。回頭我比先生早，未到封侯梦已醒，”“舊時部伍漸闌珊，身到能閒夢亦安。夜半酒酣頻拔劍，尚思飛梦斬樓蘭。”末識“浙江仲建”四字。後有稱髯客者和詩，註云“仲建同年立功齊豫，以討賊爲己憂，卒以戇直，爲人中傷，遂罷典兵”云云。二章筆致雄逸，有借人酒澆己塊儡之意。讀其詩，蓋已想見其爲人，乃以戇直罷兵柄，何耶？後詢仲建姓周名士鍵，舉人出身，常隨勝保軍營。髯客詩平平不録。是晚，歇邯鄲縣城。

【校勘】

[1] 最：底本原作“蕞”，形近而誤，《全集》作“最”。

二十九日。護貢李道臺得病危篤，因留未發。令從者遍歷城中，訪趙王果園，及雪洞天橋、洪波臺，故迹皆堙沒已久，惟藺相如廻車巷有碑存爾。

五月初一日。李道臺因病留客館調治，商委岳參[1]將、兆委員護同使部先發。申刻,到磁州城公館停歇。是日微雨,暑氣如洗,自杜村南至金州城二十里間,田間溝渠畎澮,棊布星羅,灌輸漸潤,用之不竭。菱荷蒲葦,瓜菜粱菽,葱翠彌望,燦如錯繡。當此暑旱數千里,白水如金,益信鄭白溉田之利,史册美談,蓋非小補云。

初二日。歇彰[2]德府城公館。

【校勘】

[1] 參:底本原作"叅",形近而誤。《全集》即作"參"。岳參將指武護貢岳齡,見上年八月初一日。

[2] 彰:底本原作"新",形近而誤。《全集》作"彰",據改。

初三日。歇岳王廟中伙,晚宿宜溝驛。

初四日。歇淇縣城南門店。

初五日。歇衛[1]輝府城。

初六日。歇新鄉縣城北門店。

初七日。午過小冀[2]鎮小憩。鎮人相率携扇求書,爲題數幅而去。鎮城居民繁聚,生意頗盛。晚抵亢[3]村鎮停宿。

【校勘】

[1] 衛:底本原作"衜","衛"之形訛。今改。

[2] 冀:底本原作"蕢",形近而誤。《全集》作"冀",據改。今新鄉縣有小冀鎮,在亢村鎮東北二十華里。

[3] 亢:底本原作"元",《日記》作"亢",是,據改。

初八日。巳刻,過滎澤縣永定寨五世同居胡氏店小歇。嘉慶年間,知縣張向辰書"和氣致祥""重本敦倫"二扁,旌其家。蓋表其異也。午過河。時天久不雨,故雖夏汎,水尚未溢槽。晚抵滎澤界内草村坡停宿。

初九日。宿鄭州城。

初十日。歇新鄭縣城。幕客趙子霖等來館攀話,因問歐陽公後人,今式微矣,僅有一歐陽景忠補弟子員而已。

十一日。早,改從西路。午刻,小歇太平店。許州長葛縣轄。店南門内有葛仙翁采藥處碑。申刻,到石固駔長葛縣地,去縣城四十五里。停宿。是日行六十里。

十二日。早發。五十里至潁[1]橋鎮中伙。又行四十里抵襄城縣城南門外停歇。是日九十里。按,襄城,古鄭氾邑,《左傳》襄王出居于氾,即其地也。首山在城南,汝水自西南遶城而東入于淮。舟帆湊集,屋宇蟬聯。黄帝訪道處碑在縣南十里餘。吴季子掛劍處碑在縣北十里餘。

十三日。早發。至南陽府葉縣北界首,有文王化行南國碑。又十五里,至汝墳鎮中伙。汝水淺,結舟而渡,南岸堤外,果園延袤數里,桃李梨柿,欝[2]然成林。暑月行緑陰中,不啻身在清凉世界也。道邊有子路問津處碑。又數里,有沮溺耦耕處碑。按《水經注》,邑西黄城山,是長沮桀溺耦耕處,下有溪,子路問津於此。今問津碑立處,有一小山,未知是否黄城山。沮溺耦耕碑,去此又南五六里,似與[3]舊説不合,姑志之以俟考。又行二十五里,至葉縣城停歇。是日行六十里。城北有光武祠碑,題"漢光武破王莽處"七[4]字。城南門外大石橋,有漢逸民高文通故里臥隱碑。

【校勘】

[1] 潁:底本原作"穎",地因潁水得名,作"潁"是。潁桥镇在今襄城县。

[2] 欝:底本原作"蒘"(247 頁 4 行),即"鬱"字。

［3］與：底本原作“前”，《全集》作“與”，據改。

［4］七：底本原作“九”，據實際字數改。

十四日。午過澧[1]水河，河南岸爲葉縣舊城。舊説稱城有玩龍臺，又有漢令王喬飛舄處及墓，並有碑。澧南久經兵火，閭里蕭條，自此至裕州南陽略同。晚抵保安馹停歇。是日行六十里。

【校勘】

［1］澧：底本原作“潩”，形近而誤。下同。澧河源出方城縣西北，東流至許昌縣境合於唐河。“澧”又作“醴”。據《水經注・汝水》，醴水出南陽雉縣，逕葉縣故城北，東注葉陂，又東逕郾縣故城南，左入汝。《水經注》另有潩水，出河南密縣大騩山，東南入於潁。

十五日。天陰微雨，歇裕州城北二里新街鋪。是日行六十里，方城山在州城北，古名方城縣以此。漢廷尉張敞故里在城西，見《都門紀勝》。

十六日。州堂辦給車輛未及，仍留一宿。

十七日。早發。自州城西南行，岡阪坡陀相屬，田地荒雜，重以積年兵火之後，閭里殘破，物力凋瘁。連日陰雨，行山谷中，只覺凄涼滿目。申刻，抵博望驛南陽縣界内。停歇。是日行六十里。

十八日。雨益甚。終日行泥淖中。晚抵南陽府城。是日行六十里。隨人及車輛多有落後。南陽縣附郭，府治西南，俗傳有臥龍岡孔明草廬在其内。岡下即孔明躬耕處。按《綱目》隆中註，在襄陽北二十五里。張鵬翮[1]《忠武侯志》，以爲南陽縣，非。《山海經》言豐山有九鍾，是知霜鳴。淯[2]水、湯[3]谷，皆在境内。府城規制高廣，屋宇聯絡，商賈輻輳，亦汴南一小都會也。但經匪殘破，猶未復爾。淯水發源在新店鎮西北諸山，流遶郡城，至林水馹[4]稱白水，又東南流與漢水合。

【校勘】

［1］張鵬翮：底本作“漲鴻翮”。按：張鵬翮，生於清初，四川遂寧人，有《三国蜀诸葛忠武侯亮年表》《诸葛忠武志》。今改。

［2］淯：底本作“滴”，《全集》作“淯”，今據改。下同。

［3］湯：底本作“陽”，《全集》作“湯”。張衡《南都賦》：“湯谷湧其後，淯水盪其胸。”今據改。

［4］馹：底本作“曰”，《全集》作“馹”，據改。

十九日。雨，日夜不絶。仍留俟車箱，不發。

二十日。雨止。因以正使黎峻感疾，留數日調治。河内短送官知懷慶府事馬先登字伯岸，號龍坊，陝西同州人。丁未進士，伏波將軍之後。書來問本國故事。日暮，知南陽府事劉拱辰[1]委人遞贈《孝經》百部、《黄忠端公孝經述》六本、《百孝經圖説》一本、《太上感應註案》二本、《惜字真詮》一百張、七絶八首、《暗室燈》一本、《是人便讀》一本、書畫紈扇一握、書摺扇二握[2]、《謝康樂全集》一部、白糖瓜果一盤、紅糖瓜果一盤。

【校勘】

［1］辰：底本原作“宸”。劉拱辰，字星平、伯瑗，江西南昌人。

［2］握：底本原作“幄”。扇握於手，故曰“握”。上文及《全集》作“握”，據改。

二十一日。和答劉太守詩送之。

二十二日。覆書馬太守條列本國故典回答。巳刻，知南陽縣事李濤帖請即日起程，因約以來日早動身。嗣劉太守知其事，切責縣員。晚分李濤自悔無禮，送《諸葛忠武侯全集》三部，璧[1]之。入夜，劉太守再疊前韻八首投贈，並送好楹聯三副、條幅三付、銀絲貢麵、冬青木筋各項。

【校勘】

[1] 璧：底本原作"壁"，今據文意改。

二十三日。委行人賫帖辭行劉太守。劉以送行四盒。辰刻起行，申刻到林水驛南陽縣轄。停歇。是日行六十里。土人候選知縣王秉禮字小寅。來會，求書扇，因訪知陜甘二省現在回民不靖，有事征勦。

二十四日。行八里，過貴人鄉，是漢光武故里。右碑，白水遶其西，一名八里舖。申刻，抵新野南陽府屬。縣城南門外店停歇。居民生聚，略同南陽。是日行六十里。

二十五日。停歇吕堰驛。一名斗溝驲，湖北襄阳府襄阳縣北界。是日行七十里。

二十六日。行六十里，抵樊城鎮公館停歇。城制似漢口闕，接屋連牆，商賈番聚。襄陽府城附郭襄陽縣。在漢水南，江中賈船雲集，水陸生意，比漢口十五六。清水河在樊城北十里許。峴山上有墮淚碑，乃晋羊祜携賓佐登臨處。在府城南門外，下臨漢水最高一峰，謂之九宫山。上有佛祖摩廟[1]，相傳是其故里。自均州襄陽府屬。武當山來，武當山周八百餘里，峰七十二，岩三十六，爲昔真武修煉之所。在府西北三百九十里。襄府南極湖湘，北横關洛，爲楚蜀咽喉，歷代以爲重地，設有關。[安]襄鄖[2]荆兵備道、樊城同知、湖北提督同駐府城。城古蹟有習家池、即山簡游飲處。昭明臺、梁太子疏修訂《文選》處。夫人城、晋朱序鎮襄陽，苻堅來攻，其母登城四顧，謂此處當先受敵，率婦女修築。卒賴其功。王仲宣樓、漢皋樓、是鄭交甫遇神女解佩處。銅鞮巷、緑角壁[3]、是明藩王[4]故宫。唐張柬之故里。又城外大東門河邊，每七八月間，水大漲，時江水皆黄，只有中間一線緑如鴨頭，名爲漢江鴨緑。又城西北二十五里，有武侯廟，在隆中山，蓋漢水以北，古爲南陽，侯寄居襄陽隆中即此，先主三顧草廬在此。龐德公故居、水鏡先生莊，俱相去不遠。又梅花石在城外張公祠，以清水洒石上，梅花朵朵出現。

【校勘】

[1] 佛祖摩廟：底本此處似有脱誤，待考。

[2] 安襄鄖：底本原無"安"字，"鄖"原作"鄭"。《日記》同日記有資政大夫湖北安襄鄖荆兵備道職銜，據改。安指安陸。

[3] 緑角壁："緑"，底本原作"緣"。緑影壁，在明襄憲王府，今仍存。"角"，或爲"照"之訛，音相近也。照壁即影壁。

[4] 王：底本原作"明"，涉上而誤。據文意改。

二十七日。陰雨，仍停駐公館。

二十八日。入暮，始下船。

二十九日。

六月初一日。霖雨。

初二日。

初三日。開船。三十里至東家灣。大雨，入夜不止。泊小河口。襄陽縣轄。是日行九十里。

初四日。雨止。船行三十里，至宜城縣界湃灣津次留泊。入夜，微雨。

初五日。晴霽，河水大漲。晚抵鍾祥縣安陸府附郭。倒河坡停泊。是日行一百八十里。

初六日。大雨,仍停泊。

初七日。雨止,開船。行百十里,申刻,至荆門州沙洋濱次停泊。荆門州係安陸府直隸州。

初八日。行三十里,巳刻,至京[1]山縣多寶灣京山,安陸府屬。停泊。

【校勘】

[1] 京:底本原作"荆",音近而誤,下即作"京",據改。京山縣,今屬荆門市,猶存"多寶灣"地名。

初九日。行一百六十里,未刻,至潜江縣安陸府屬。官吉口津次小泊。又行三十里,至張家灣停歇。

初十日。南風盛發。行九十里,至天門縣安陸[1]府屬。岳家口停歇。

【校勘】

[1] 陸:底本原作"陽",據《全集》改。

十一日。辰刻,開船。逆風盛發,不能進,仍收泊舊處。酉刻,風淨開船,行一百五里,夜半抵沔陽[1]州漢陽府屬。麥旺嘴停歇。

【校勘】

[1] 陽:底本原作"楊",據《全集》改。沔陽,即今仙桃。

十二日。諸船脚錢給發未清,仍留泊。

十三日。早,開船。西南風盛發,江流正向東北行,帆飽舟輕，頃刻百餘里。兩堤烟柳，蒼翠撲地，臨風倚篷，塵暍若失。行一百二十里，抵漢川縣漢陽府屬。泮河口，計只二更爾。因江曲折，而西南風逆，留泊。

十四日。風愈急，船不能進。

十五日。早，風色尚緊，舟人憚久泊之費，溯風力進，然篙帆牽挽，人百其勞，只行得二十里。至城隍岡暫泊，俟順。未末，風稍息，開船。五十里至漢川縣城漬口津次停泊。舟路過處，居民于堤面移家避水，亘數十百里餘。詢之，云，頃者天雨旬日，堤内湖蕩盛漲，無地可居。《地里述》言，漢川之地，田少湖多，水害之所由來也。畎澮距川，古之人所以急急於此。

十六日。急風打船，移棹行北岸太白湖中九十里，到湖邊泊，日已暮矣。

十七日。飄風竟日，天晚風色稍静。行十里餘，風復暴發，舟子於柳下繫船，四顧巨浸茫茫，不辨南北。遥見波光日影中，村落隱隱俱成澤國。時諸船各已前去，或尋别渚收泊。三四艘相依作四鄰爾。

十八日。行七十里，抵漢口停泊。

十九日。漢陽縣增給大船，以方夏水漲，而洞庭風浪又非樊口船之所習也。

二十日至二十七[日][1]。該八日，仍留泊。

【校勘】

[1] 日：底本原無，據上下文補。

二十八日。移船武昌。

二十九日。入謁湖廣總督督部堂李名鴻章，安徽合肥人，丁未進士。現官太子太保，協辦大學士，一等伯爵，兵部尚書，兩湖總晳。督憲。延入花廳，臣等行一跪三叩禮訖，督憲中坐，臣等左右環坐。督憲以筆紙問本國年穀幅員兵馬各款，臣等隨事應答訖，茶罷告辭。督憲寄問我皇上安好。趨出，謁見巡撫部院郭柏蔭，並督糧道丁守存。郭憲照常慰問，丁憲贈所著《造化究原》新刻本，每人四部。每部一卷。良久辭回。藩臬兩司，經送帖請見，皆辭不當。

三十日。總督部堂贈好對聯。贈蓮湖正使云："漢璧秦璆千歲品；光風霽月四時春。"贈雲亭乙使云："德取延和謙則吉；功資養性壽而康。"贈僴云："金鍾大鏞在東序，冰壺玉衡懸清秋。"

七月初一日。偕黄雲亭登黄鶴樓。樓在城西平湖門外少北。鳳凰山回抱城北，轉而東，横亘至城西，名黄鶴山。樓建於山嘴臨江處，故亦以黄鶴名。年前燬於兵，去冬使舟經過，時方重新之。迨今回期，朱欄粉壁，焕然改觀。樓六角，飛閣兩重，上層正中奉費仙騎鶴弄笛像，下層中間刻畢沅《黄鶴樓銘》。左右懸楹聯數四。李督憲鴻章聯云："數千里犇湍激浪，到此樓前，公暇一憑欄，江漢雙流相映照；十餘年人物英雄，恍如一梦幻，我來重訪鶴，滄桑三度記曾經。"丁糧道守存聯云："三千里再印鴻泥，太白才華輸絶調；二十年重尋鶴梦，令威城郭記前緣。"武昌知縣黄昌輔聯云："仙蹟重新，不見雲中來鶴影；江城如舊，還從笛裏聽梅花。"存古人筆跡，不勝畫述。是日也，天晴日朗，風物和美，夏秋之交，衆水泛溢，憑欄四顧，江漢二水，瀰漫千里，幾乎不辨涯岸。漢陽縣城，半倚山郭，半横水際[1]，鸚鵡洲僅露中流一綫，沙土上有三五頽垣敗屋，隱隱於波光烟樹之間。漢口百萬列肆，如在海島中。連灘接渚，帆檣林立，時見西洋火輪船出沒其際。西南諸山，獻奇列秀，無不拱繞樓前。城中億萬人家，如蜂房，如棋罫。江外漁舟花舫，三三兩兩，宛然畢集樓下。近觀遠察，目暢神怡，輶軒攬勝，真不可多得之遇。惜乎尋常題咏，不足以稱登高能賦之選，司勳題詩，太白擱筆，只堪以此自解爾。既下樓，遍歷臺榭亭觀諸勝，多有新構未完者。其結構布置，類依山架石，有亭亭雲表之勢。樓東稍南，有前湖北撫臣胡林翼[2]祠。林翼，湖南益陽人，粵匪擾楚之時，有戰守功，卒後，奉敕賜建祠。前督臣官文撰文，撫臣嚴樹森書碑記其事。

【校勘】

[1] 際：底本原作“阞”(263 頁 6 行)，即“際”字。

[2] 翼：底本原作“翌”，當作“翼”，今改。

初二日。發回摺。

初三日。霖雨。

初四日。雨止天晴。無奈逆水溯風，不能扣駛。江水方溢，堤岸淹沒，又無路牽挽，只得坐待風便而已。

初六日。未牌後，天微陰，西北風起，挂席開船，去如箭激。未盡申牌，抵金口司停泊。蓋頃刻間已行九十里矣。

初七日。早，開船。申刻，抵嘉魚縣江口停泊。凡行一百六十里。

初八日。早，微雨，仍泊。

初九日。午刻，開船。暮抵新堤鎮停泊。凡行二百里。是夜，南風大發，雨下如注。

初十日。風逆未發。

十一日。早，有微陰，風從西北來，寅刻開船。酉刻，抵岳州府城停泊。凡行一百二十里。

十二日。約黃雲亭游岳陽樓，不果。

十三日。早，東北風發，開船。夜初更，抵湘陰縣城停泊。凡行一百八十里。縣城民居被水，情狀不堪，蓋瀕湖之地，歲常有云。

十四日。仍留泊。湖南[短][1]送委員吴嗣仲號春谷，雲南人，乙[2]未舉人。曾授襄陽府知府，尋以事罷。從湖南省差委，現賞加翰林院典籍。登舟拜會，又投贈詩四章。問答間，因知滇省勦辦回匪軍務，久未肅清。

【校勘】

[1] 短：此字底本原闕，據《全集》補。

[2] 乙：底本原作"己"，己未在咸豐九年，岑毓英修《雲南通志》卷一百七十《人物志》有吴嗣仲傳，言其咸豐初權光化知縣，中舉則當在其前，"己"當作"乙"，乙未在道光十五年。本傳又言其中舉在道光十九年己亥，此注謂乙未，蓋記憶之誤耳。

十五日。開船。陰雨終日。晚泊彤關集。凡行六十五里。

十六日。五更開船，巳刻抵湖南省城。

十七日。湘陰李輔燿聞使船回到，携來先大父文恭公諱星沅，道光間爲兩江總督。遺集並其父黼堂遺集各部分贈，又贈團扇人各一把，贈詩二章。留半日暢談。温恭文雅，殊無紈袴習氣。將去，余囑爲刻回出數顆。

十八日。崔貞[1]史登舟雅話。因知京中所見《闢邪紀實》一書，乃貞史所作而匿其名者。然彼終以此忌之，遂毁其本。他處有翻刻者，湖南則不存矣。午刻，具朝服入謁湖南撫部院。延入花廳，施禮畢，分坐。撫臺問本國富良江發源所自，蓋該員雲南人，家居瀾滄江之東，故問及之。又問禄柰東埔古今地名，臣等隨事酬答訖，款茶畢，將退，以所書楹聯見贈。每人一對。謁見藩臺王文韶，去年爲湖北臬司，本年二月新升。又謁臬臺李廷樟，辭不見。

【校勘】

［1］貞：底本原作“員”，《全集》作“貞”，據改。下同。崔暕，字晦貞，别名貞史，著《闢邪紀實》。阮思僩《燕軺詩文集·燕軺文集》收作者《寧鄉崔暕禹輿詩序》言其字啓晦。下文何子貞（紹基）之“貞”字亦作“員”，原校者改爲“貞”。

十九日。

二十日。貞史登舟閒話，因言今春有洋船到岳陽樓，將欲占樓邊地立道堂，爲士民呵逐，隨揚帆去。

二十一日。李幼梅偕叔公江西布政李黻堂名桓，文恭公第三子，时方告病家居。登舟拜會。先是幼梅約游芋園，黻堂以湘省水後，饑民滿城，遠賓游集，恐駭觀聽，故力疾相見，止之。既歸，爲書“憶餘”二大字，分贈楹聯二。

二十二日。早，何子貞太史登舟相訪，筆墨坐談數刻。以病固辭，將去，作篆書“江山秀氣文字良緣”八字，蒼筠古柏，老氣横逸。湘士皆以子貞爲楚中領袖，書筆特其一事耳。既返，以其先大夫文安公諱凌漢，官户部尚書。神道碑分贈。

二十三日。巳刻，開船。申刻，抵湘潭縣城。自十六日舟次長沙，湘士日來舟中，或投贈詩章楹聯，或惠詩文集，或求題扇，求觀途中近作，四五日間，應接略無虚晷。常與雲亭約游岳麓書院，卒亦不果。既解纜，如釋重負。然朋友之雅，笑語之樂，中流回首，耿耿未常去心也。

二十四、二十五兩日。留泊。

二十六日。開船，晚抵下灣塘停泊。

二十七日。泊昭陵灘。

二十八日。泊灣州港。

二十九日。抵衡山縣。

八月初一日、初二日。留泊。

初三日。開船。入夜，風雨昏黑，諸船相失，遂分泊智公塘、度光鋪兩處。

初四日。抵衡州府城。

初五日。知衡州府事張士寬送好所著《知悔齋詩草》《堅香小隱遺稿》《補軒詩文》各三部。

初六日。

初七日。巳刻，開船。酉刻，泊荷葉灘。四十五里。

初八日。泊柏芳司。

初九日。泊常林口。

初十日。泊九洲灘。

十一日。泊康家埠。

十二日。泊觀音塘。

十三日。泊祁陽縣城。

十四日。

十五日。午後開船。十里至浯溪留泊。初更，偕[1]雲亭學士，步自江岸，過山坡，左下寶篆亭待月。時東山有微雲，聞山腰彈琴演曲聲，與松風溪流聲相和者，自勝異亭出。令從者詢之，知是李公子與客夜宴云。乃入元顏二公祠憩焉。頃之，雲破月明，山門澄淨如拭。遂相與步月，由寶篆亭北上勝異亭。但見月光樹影中，桌椅縱横，飲客各已下山去。命移椅亭外石，遥望俯瞰，澄練一碧如帶，山風習習吹衣襟，泠然善也。亭東有一石，刻乾隆年間前貢使來石探花阮輝瑩石鏡詩。既而躡巉岩，披烟蘿，東上數十步，觀聱[2]叟窊[3]樽舊迹。樽在臨水峰頂，圓大如椀，深不及尺，蓋因石窊而鑿之。旁有兩履迹，足迹皆後人所鑿爾。又有廢亭址尚存。坐窊樽旁，廻望勝異、吾亭，皆在脚底。良久下山，復由寶篆出山門，右轉到碑亭，欲南登吾亭，遥見亭上燭影中，有兩醉翁方對飲，不覺興盡而返。舟人移棹北岸纔畢，陰雲四合，遥望溪山臺榭之勝，皆茫茫烟樹中，明月不知何處去矣。

【校勘】

［1］偕：底本作"皆"，《全集》作"偕"，據改。

［2］聱：底本作"聲"，當作"聱"，形近而誤。聱叟，唐詩人元結别號也。

［3］窊：底本作"窪"（274 頁 8 行），爲"窊"字之誤。元結曾有《窊尊詩》。下同。

十六日。早，開船。纔行數里，百丈中斷，前艙漏水，移船就沙際修補。午後乃發。夜泊啼水岩。

十七日。泊泠[1]水灘。

【校勘】

［1］泠：底本原作"冷"，上年十月十八日來程作"泠"，《日記》《全集》同，據改。

十八日。泊湘口。

十九日。

二十日。開船。暮泊仁村埠。永州太守黄瓮[1]叟名文琛，湖北漢陽人，舉人出身。遣人追送《思貽堂詩集》三部。

【校勘】

［1］瓮：底本原作"瓮"（276 頁 2 行），當依《全集》作"瓮"。瓮叟，黄文琛别號。

二十一日。泊石磯鋪。東有小河,建石閘通于湘水。閘開三門,傳是嘉靖年造。鋪左爲獅子山。

二十二日。行至過何山司埠頭塘。日方晡[1],適因岳參將舟擱淺壞焉,遂留泊,以俟俱發。

【校勘】

[1] 晡:底本原作"脯",當依《全集》作"晡"。晡,申時也。

二十三日。泊下廠塘。是爲楚粤分界處。舟行自永州而南,淺灘急隴,隨在而有,到此石益亂,流益乾。水手合諸舟稍工,並力負舟以行,乃得過。前舟渡畢,後舟亦如之。如此五六返方盡。牽挽喧豗,響震山谷。去冬水涸,亦不若是其艱也。或言今年水小,故秋半而潦已盡,將來入陡,不愈難乎?

二十四日。雨,泊廟頭塘。

二十五日。寒雨不止。待李道臺船未到,日暮移泊鴨浦灘。張燈放砲,恭賀萬壽聖節。

二十六日。早,開船。午刻,到黄沙渡山角司。湖南護送委員吕燮塘世田登舟敘別,辭回湖南。各餞詩各一章贈别,並以桂、白豆蔻贈好。燮塘即席和答二章。良久各解纜分路去。暮泊梅塘灣。

二十七日。晚,抵全州。新派護送候補同知徐光籲通帖問好。由李道臺久病未瘳,粤西撫憲派徐司馬充代護送到關上。徐,江蘇人。知全州王咏春委將撫臺札飭州員整備夫轎,改陸,護送回桂林。邀請進館,點檢行李。以九月朔左右起程。入夜,小委員王復吉又來言,撫臺將廵行諸府屬閲兵,待貢使過省後方出行,秋潦已盡,恐過陡愆期,故必令改陸早回。

二十八日。收拾行裝，以俟移館。

二十九日。移住全州行臺。

九月初一日。

初二日。早，由全州起陸。午過覺山塘中伙。晚到威水塘，駐山棗分司公署。

初三日。早發。午到唐家司中伙。晚歇興安縣城。

初四日。辰牌，進行。午刻，到大溶江口中伙。申刻，抵靈川縣。聞撫憲已派船前往迎接。

初五日。巳刻，下船。靈川給發諸船户水脚錢，竟日不清，仍留泊。

初六日。早，開船。晚抵廣西省城，泊舟馬家倉河下。桂林山自東北來，西爲寶華、琴潭諸山，東爲桂山、七星岩、伏波山、疊綵岩諸山。獨秀峰蒼然特立其中，爲一郡主山。山上翼以亭，間以樓堞，灕江若練，縈帶其下。蓋不待陵絶頂窮勝覽，心目已爽然矣。杜詩曰"若非舟行遲，安盡所歷玅"，信夫。

初七日。

初八日。謁撫憲如初見儀。坐間，撫憲令通事傳語，吴逆經馮提督勦，已棄木馬城走太原。既回船，有把守南關千總林春前登舟相見。言五月馮提督進勦，賊大敗走，有一股竄入太原，于城外住札。去冬經七八十里，且由高下太，山路崎嶇，馮提督現未定督追勦日期。又言，范鄌川去臘賊已走回詎驢庯，今現住諒山，合銀二萬兩，募勇勦賊。

初九日。護貢徐光籲登舟，以兩廣督撫會奏吴逆犇竄高平收復摺，並軍機寄抄上諭各本，致撫憲意相示。且言，使臣宜修啓致謝撫臺。

初十日。照例回發摺，並修啓謝撫臺，首以高平賞還本國事。巳刻，往會李道辭别。

十一日。具帖遞將省辭回。

十二日。晚[1]移津水東門。

【校勘】

[1] 晚：底本作“挽”，《全集》作“晚”，按，此當作“晚”，非“牽挽”之“挽”。《日記》同日曰：“酉刻，移船到水東門上津次停泊。”今改。

十三日。早，開船。晚到大墟塘停泊。

十四日。泊鉛寶塘南界。

十五日。到陽朔縣城泊。

十六日。到平樂府城，泊樂川水口。樂川水自府之恭城縣來，遶城北，西注于灘江。灘樂二水會處，有巨石屹立水中。方正如印，名曰印山。亦曰昭山。

十七日。開船。晚泊大徒灘。

十八日。抵昭平縣城泊。

十九日。

二十日。早，開船。暮泊龍門塘。

二十一日。泊魚梁塘。

二十二日。到梧州府城泊。

二十三日。

二十四日。委行人往收殮故副使阮齋、行人阮觀、通言阮有節等葬所，收殯遺骸。

二十五日。開船。晚泊榕潭汛。

二十六日。抵藤州縣城泊。

二十七日。

二十八日。開船。泊大灣村。

二十九日。泊白馬塘。

三十日。抵平南縣城泊。

十月初一日。未牌，開船。晚泊古難塘。

初二日。抵潯州府城泊。

初三日。

初四日。巳牌，開船。酉牌，泊官江塘北界岸。

初五日。泊飯蓋塘。

初六日。到貴縣城泊。

初七日。午後，開船。到下宋泊。

初八日。泊田菜塘劉公村。

初九日。午過起敬一名五險。灘。水落石現，險惡比去秋十纔三四。伏波廟前，沙際有一古木横卧，雨溜土蝕，剥落朽蠹已甚。舟子爭楮禱祠。問之，云是伏波將軍船隻，水大漲時，現流上下，只數里間，水落依舊在廟壖外。氓俗好異，抑靈境有徵歟？皆不可得而知也。暮泊曹村塘。

初十日。巳牌，抵横州城泊。

十一日。午牌，開船。暮抵米[1]阜塘。

【校勘】

[1] 米：底本原作“朱”，本書上年八月二十二日及《日記》《全集》皆作“米”。

十二日。泊火烟塘。

十三日。抵永淳縣城泊。

十四日。晚，移津縣城西一里許泊。

十五日。泊高塘。

十六日。泊剪刀塘。

十七日。抵南寧府城泊。

十八日。有諒山商客趙擇安、范致二人登船，言七月間，吴亞終黨來擾北寧省城，官兵力戰二日，賊始却。八月日，賊一股二百餘，軼入山西界，官軍失利。日下賊大股尚在太原。馮提督已刻日提大兵前進太原勦拿，並派吴參將將二營兵八百餘人，過河内，轉向白鶴關，勦西道股匪。北諒一帶，前經路梗，自馮提督移營下北省，一路通行無阻矣。

十九日。晚，移津馬石港口。

二十日。抵白沙下塘泊。

二十一日。泊上陵汛。

二十二日。抵新寧州泊。

二十三日。

二十四日。

二十五日。

二十六日。晚，開船。十里至涌弄塘泊。

二十七日。泊伏驢塘。

二十八日。泊叫程塘。

二十九日。泊古埇塘雲頭沙。

十一月初一日。抵太平府城泊。行人上街，鈔到府堂揭示吴逆經爲官軍炮斃，逆屬盡數擒獲，馮提督不日回軍龍州。

初二、初三等日。留泊。

初四日。辰牌，開船。申牌，抵歌波塘泊。

初五日。泊馱棉塘。

初六日。泊農村塘。西南劍山下，壁立千丈，多岩峝，相傳峝中有黄巢劍。

初七日。泊瓜村塘。

初八日。抵寧明州。護貢徐、王二司馬與知府羅惇德商定以十一日起陸，十三日開關。

附録一　如清日記

奉派如清使務臣黎峻、臣阮思僩、臣黃並等謹奏，爲奏聞事：嗣德貳拾壹年陸月日，臣等奉充如清使務，所有途間返往行走事宜，逐日登記，謹奉一併彙列清册進呈。謹奏。計：

行程撮要

嗣德貳拾壹年即清同治柒年。捌月初壹日開關。本年正月貳拾[1]玖日抵燕京。由陸程：自南關至寧明州城，行貳日。由水程以下：自寧明州城至梧州府城津次，共叁拾日，行拾玖日，泊拾壹日。自梧州府城至廣西省城津次，共貳拾肆日，行拾捌日，泊陸日。由改陸程：自廣西省城至全州城，共拾叁日，行肆日，住玖日。由水程以下：自全州城至湖南省城津次，共貳拾陸日，行貳拾日，泊陸日。自湖南省城至湖北省漢陽縣城，共叁拾日，行拾貳日，泊拾捌日。［由陸程以下：］[2]自漢陽縣城至滎澤縣城，共貳拾五日，行拾柒日，住捌日。自滎澤縣城至直隸省清苑縣[3]，共貳拾壹日，行拾玖日，住貳日。自直隸省清苑縣至燕京，共拾日，行陸日，住肆日。合共自南關至燕京，去程該壹百捌拾壹日，途間留住陸拾肆日，實行壹百零拾柒日。内陸行自南關至寧明州城貳日，内水行自寧明州至漢陽縣柒拾叁日，内陸行自漢陽縣城至燕京肆拾貳日。

【校勘】

［1］拾：底本“拾”字重出，當有一衍，今删其一。

［2］由陸程以下：底本五字原無，據實際行程及下文小字夾注，自漢陽至燕京改爲陸程，據補。

［3］清苑縣：底本原作“清宛縣”，今改。此縣今屬保定市。越南抄本中“苑”“宛”二字常混用。

本年肆月初拾日自燕京回程，至拾壹月拾叁日抵南關。陸程以下：自燕京至新鄭縣城，共叁拾日，行貳拾柒日，住叁日。自新鄭縣城改路至樊城公館，共拾陸日，行拾貳日，住肆日。水程以下：自樊城至湖北省城津次，共叁拾捌日，行拾叁日，泊貳拾五日。自湖北省城津次至湖南省城津次，共拾壹日，行陸日，泊五日。自湖南省城津次至廣西省全州城津次，共叁拾玖日，行貳拾陸日，泊拾叁日。陸程：自全州城改陸程，至靈川縣城津次，共柒日，行叁日，住泊肆日。水程：自靈川縣城津次，至寧明州城津次，共陸拾日，行肆拾壹日，泊拾玖日。陸程：自寧明州城津次至南關，共五日，行叁日，泊貳日。合共自燕京回程至南關，該貳百陸日。内途間留住柒拾五日，内實行壹百叁拾壹日。又，留住燕京柒拾日。

戊辰年陸月大

貳拾肆日。據禮部臣聲敘，奉充使部甲乙副使臣阮思僩、臣黄並及行人等奉于勤政殿行望拜禮。是日晚，臣等奉領御製詩。

貳拾五日。據禮部臣聲敘，此次奉充使部，其公派行隨人等請應先行分起，由驛領遞公貨進趨河内省，檢點貢品各項。

貳拾柒日。臣黎峻恭候拜命，奉領國書及預紙各道。

貳拾玖日。臣等恭進謝表。

柒月小

初壹、初肆、初柒等日。臣等率行隨人等領遞貨項分起進程。

拾玖日。臣等並行隨人等節次現抵河内省公館，會同檢認品儀，並打發物項，歸置箱函，結束成擡，停當。

貳拾日。商訂以貳拾貳日進行，先咨河内省照辦。

貳拾壹日。早，臣等率行隨人等各具朝服，恭詣河内省行宮，行望拜禮。是日晚，臣等率行隨人等具常朝冠服致祭祖道之神。其禮品由河内省辦。

貳拾貳日。早，臣等奉將進行日期具摺移咨河省轉發，由部題達。辰刻，河省派出領兵阮閒、水奇協管阮就帶領兵象並撥給民夫護遞國書及公私箱函，同臣等進行。午刻，經過珥河。北寧省先已遵例派委領兵武文逢帶將兵象直候，在北㰈[1]站換給民夫擡遞。酉刻至北寧省公館停住。河内原派護送之員弁兵象次日返回。

【校勘】

［1］㰈：喃字。後文"濡""蛒"等亦同。

貳拾叁日。遇雨，停住北寧公館。

貳拾肆日。早，北寧委臬使司范愼適同協管黎鑾帶將兵象護送，行至北美站，換給民夫擡遞。未刻，遇雨。酉刻，至諒江府轄富川社停住。

貳拾五日。早，起行。晚至北芹站換給民夫擡遞，巳刻，至芹營祠，率將行隨人等拜謁。其禮品由諒江府員辦。酉刻，至北麗站停住。

貳拾陸日。早，進行，經過鱗溪。俗名濡蛒，有廟甚靈。午刻，至北和舊站，接見諒省。權領兵陳德科帶將龍亭、傘蓋、弁兵、械仗迎接。嗣至鬼門祠，行謁告禮。其禮品由長慶府員辦。未刻，至諒枕站停住，換給諒省土民擡遞，其北省員弁、兵象、械仗仍留護送至關上。

貳拾柒日。早，進行，經過楸樹館、樹上留有鐵箭數枝。龍潭溪、舊傳下有蛟龍，故云。柳昇石。屍壹塊，首壹塊。午刻至諒仁站，經過大鷂山、小鷂山。戌刻至諒山省城停住。

貳拾捌日。早，臣等率行隨人等各具朝服，恭詣諒省行宮立班，該省臣行請安禮事清，臣等及行隨人等各行望拜禮。午刻，臣等恭就會同廟行謁告禮。其禮品由諒省辦。是日，該省預撥土民直候擡遞，並增撥兵象護送。

貳拾玖日。早，臣等率行隨人等詣該省土山城隍廟拜謁，該省商派按察使阮恕候命。辰刻進行，未刻至文淵州同登庯。停住。先遣守隘隊長童舍通詞內地護送、長送等員職銜姓名，編抄填入奏摺。

捌月大

初壹日。寅刻，率行隨人等同與候命臣阮恕帶領護送之北、諒貳省員弁兵象護遞國書、公貨諸箱函進關竚候。仍飭排列兵象械仗關之左右，並委通事具帖通問。接清國護接之署理太平府知府奉議大夫徐延旭、廣西新太協鎮武功將軍祥瑛、護貢武委員廣西撫標參府武翼都尉岳齡、欽加武翼都尉馗纛營昭武都尉張紹緒、署理龍州同知奉直大夫揚廷儒等，齊就關上，各具名帖通問。卯刻，開鑰。臣等與候命臣各具朝服，恭遞國書、龍亭，過關，詣昭德臺，遵例行禮訖，三跪九叩。返回仰德臺。更褙服，具帖問好，再詣昭德臺行贄見禮。護接官恭問我皇上安好，及年穀豐登，並慰勞臣等，邀坐款茶。其贄見禮，登桂、象牙扇、象尾毛、蠟盉，餘璧。少頃，臣等辭回仰德臺。少憩，仍飭將箱函過關交結清楚。臣等恭將過關事宜繕具奏摺咨文，並將原領國印預紙封誌謹密，咨交候命臣阮恕認領回省發遞。巳刻，臣等與行隨人等過關進行。未刻，過幕府。酉刻，至憑祥州停住。委通事具帖問好護貢官奉直大夫世襲憑祥州李銓、太平府世襲下石知州閉翰賢、世襲上龍司正堂趙德駿，各具帖問好。以後每至停住各所，例有問安護貢列位，他亦具帖問好。

初貳日。早，委行人通事具帖送好憑祥州李銓各項，布拾疋、象尾毛拾貳條、玳瑁香蠟叁、桂皮五片。登盡。又給發該州並龍州上龍司差役、茶房、厨房土物銀兩，及給發高平、諒山流民貳名布壹疋。辰刻，進行。午刻，至受降城。屬寧明州上石分州。暫住，給發茶房、厨房銀物各項，事清，進行。酉刻，抵寧明州津次。登船，停泊。

初叁日。早，檢點擡裝箱函，安置船内。共船拾貳隻。該州員羅惇德具帖問好，委人遞送酒席及供應物項到船。臣等委行人通事具帖送好護貢岳齡土儀捌色各捌。紈、布、絹、蠟盝、象尾毛、象牙扇、象牙盞、桂。登絹桂貳色，餘璧。又委具帖該州員，將銀兩備辦祭江神禮。並送好土儀陸色各陸。紈、絹、布、蠟盝、象牙扇、桂。以後送好分府員色數亦同。該州員答謂禮已預辦，這銀璧謝，只登絹、蠟盝、桂皮，餘璧。

初肆日。辰刻，臣黄並具禮服上岸，致祭江神。仍給發禮生、茶房、鼓手、砲手、差役銀兩、銀帮指、象牙扇，並給許寧明州辦差認守輞具銀兩各有差，及咨呈護貢官訂日開船。

初五日。仍泊寧明州，是日，給發該州茶房供應並護貢站頭伺隨等名銀帮指、象尾毛、蠟盝各有差。

初陸日。早，給發辦差貢務高鼎新桂皮、象牙扇。辰刻，開船。申刻，到窑頭舖停泊。

初柒日。寅刻，開船。酉刻，到歌波塘停泊。

初捌日。寅刻，開船。辰刻，到太平府城津次停泊。委行人通事具帖請見，並送好府員徐延旭、協鎮祥瑛土儀捌色。紈、絹、布、銀帮指、象牙扇、象尾毛、蠟盞各捌，桂貳斤。以後凡送好諸府員協鎮色數亦同。崇善縣員黄文棠土儀捌色。紈、絹、布、銀帮指、象牙扇、象尾毛、蠟盞各肆，桂壹斤。以後凡送好諸縣員色數亦同。府員登紈、象尾毛、象牙扇叁色，餘並璧謝。尋接縣員委人遞送酒席，及款頓物食，仍給許錢文、桂皮、銀帮指，並府員家丁絹疋有差。日晚，據通事稟稱，長送員及府員邀請拜會。臣等親往相見，隨事問答。事清，回船。

初玖日。仍泊該府城津次。支出白金換兑取錢，辦買藥材隨用，並給發寧明州辦差、隨從、供應辭回銀兩、桂皮有差。

初拾日。辰刻，開船。酉刻，到八索塘停泊。

拾壹日。寅刻，開船。酉刻，到新寧州城津次停泊。接奉政大夫知州事楊世任[1]具帖問好。

【校勘】

[1] 任：底本作“壬”，稍小居右。今據光緒《新寧州志》卷三《職官志》補“亻”。

拾貳日。早，委行人通事具帖送好州員土儀陸色。紈、絹、布、象牙扇、蠟盞各陸，桂壹斤。登象牙扇、蠟盞、桂，餘並璧。隨見委人遞酒席供應物食。是日，崇善縣差役辭回。寄贈縣員象尾毛，並給發該縣隨頓人土物桂皮有差。

拾叁日。各船户以該州衙役短減水脚錢文，等候不發。臣等即委行人通事稟詳護貢員，並飭内地通事具稟州員知辦。日晚，給發船户水脚錢清款。

拾肆日。寅刻，開船。酉刻，到三江汛口塘停泊。塘左有一江道，舊云可通雲南達本國。

拾五日。寅刻，開船。巳刻，到南寧城津次泊。武翼都尉晋加武功將軍鄭魚、誥授朝議大夫趙沃、誥授奉政大夫知南寧府宣化縣事楊彤壽、昭武都尉晋加武功將軍歐得升、劉志仁、武德騎尉蔣現龍、馮文滔、修職郎代理宣化縣典史梁卓渾、修職郎南寧府參軍元銓、文林郎南寧府教授麥乃登、宣化縣教諭雀桂森、修職郎南寧府訓導鄧思道、宣化縣訓導梁朝彦，各具帖問好。該縣員委人遞送酒席及供頓食品，給發辦差銀帮指、桂皮有差。

拾陸日。鎮守左江振威將軍李起高、中議大夫署理廣西兵備道王達材、護送委員李淑林，各具帖問好。仍委行人通事送好鎮守李起高、道臺王達材土儀捌色各拾貳，縣員楊彤壽土儀捌色各肆。惟鎮守登玳瑁蠟盞、象牙扇、象尾毛叁色，道臺登絹、象尾毛、蠟盞叁色，縣員登象尾毛、蠟盞貳色，餘並璧。該鎮道等員邀請相會。臣黎峻病留在船，臣阮思僩、臣黄並親往該堂署相見。該貳員各起身恭問我皇上安好，並禾穀豐登，又問自富春京至關上若干站。臣等隨事應答訖。款茶，辭回。鎮員委遞羊豕酒米送好，道員委人遞送酒席。給發辦差銀帮指、桂皮有差，並支出白金换兑，取錢支用。

拾柒日。仍泊。

拾捌日。仍泊。

拾玖日。卯刻，開船。酉刻，到冬瓜塘停泊。入夜戌刻，行人刑部八品書吏阮得進病故。阮得進於拾叁日在新寧州攖得傷寒病症，醫治未愈，至該塘，病劇身故。即委行人通事稟詳護貢官，承飭俟抵永淳縣，另由所在官照料。

貳拾日。寅刻，開船。午刻，到永淳縣。支出白金叁拾兩,具詞稟知護貢,飭下所在縣員辦買棺木、厚草、金銀紙及支紈布衾殮,事清,又辦禮致奠。奠用牲酒,由永淳縣員照辦。其原交銀兩,該縣員璧回。其阮得進棺柩,經乞由護貢員飭縣員雇撥夫役護遞回油村隘,轉交諒山省認辦。至如咨移諒省公文壹封,該等員經照認轉發。

貳拾壹日。委行人通事具帖送好護貢委員誥授朝議大夫趙沃由抵南寧時始見護送。並永淳縣員刁秉鈞,土儀捌色各肆。護貢員登象尾毛、桂皮,縣員登玳瑁蠟盞、桂皮,餘並璧。又給發諸船户錢文,辦買香燈禳船,並[給][1]發永淳縣差役照辦得進身後事宜土物銀錢有差。

【校勘】

[1] 給:底本原無。本書皆用給發、打發等詞,據補。

貳拾貳日。卯刻,開船。戌刻,到米阜塘停泊。

貳拾叁日。卯刻,開船。辰刻,到横州津次停泊。該州員陸慶松帖送酒席,仍委行人通事送好土儀捌色各陸,並銀五兩,祈辦禮品致祭伏波廟。該州員回覆,禮品已預辦,登蠟盞、象尾毛貳色,餘銀兩土物並璧。

貳拾肆日。早給發横州差役土物有差。卯刻,開船。申刻,到大灘司停泊。

貳拾五日。寅刻,開船。卯刻,到五險灘。臣黄並率行人詣伏波廟所行謁告禮。牲羊各壹,所在横州恭辦。事清,給發廟僧禮生銀兩、銀帮指有差。過五險灘,給發灘夫船户銀錢。申刻,到貴縣城津次停泊。入夜,張燈放砲恭賀萬壽慶節。

貳拾陸日。早,貴縣員黄玉柱委送酒席。給發該縣差役銀兩、桂皮,仍委行人通事具帖送好縣員土儀捌色各陸。

該縣員登象牙扇、象尾毛貳色，餘並璧。巳刻，開船。申刻，到大灣塘停泊。

貳拾柒日。寅刻，開船。申刻，到潯州府城津次停泊。府員固魯鏗、協鎮覺羅達三、桂平縣員鹿傳霖各具帖問好，並委人遞送酒席。

貳拾捌日。早，委行人通事具帖送好協鎮府員土儀各捌色，縣員土儀陸色，協鎮登蠟盉、桂皮貳色，府員登土絹、蠟盉、象尾毛、桂皮肆色。縣員登蠟盉、象尾毛貳色。餘並璧。是日，隨送武信武德尉羅子炎、梁日升、佐騎尉唐國衡、梁文海、護貢委員李淑林，各具帖辭回。仍委送好土儀，羅子炎、梁日升、唐國衡、梁文海並登象牙扇、桂皮貳色。李淑林登土絹、象牙扇貳色。餘璧謝。

貳拾玖日。寅刻，開船。申刻，到平南縣。知縣事錫敬委人遞送酒席。仍委行人通事具帖送好土儀捌色各陸。該縣員登蠟盉、象尾毛、桂皮、象牙扇肆色。餘璧。又具帖謝潯州府員，令人追送茶扇對聯，因寄回桂皮、沉香酬謝。

叁拾日。寅刻，開船。酉刻，到藤縣津次停泊。

玖月小

初壹日。藤縣員邊其晋委人遞送酒席，仍委行人通事具帖送好土儀捌色各陸。該縣員登象尾毛、象牙扇、蠟盉叁色，餘璧。又平南縣辦差辭回，給發土物有差。午刻，開船。酉刻，到榕塘停泊。

初貳日。寅刻，開船。巳刻，到梧州府城津次停泊。武功將軍梧州協鎮梁正源、中憲大夫署理廣西梧州府事陵昆、奉政大夫知蒼梧縣事龔玉彬均具帖問好。縣員委人遞送酒席，仍委行人通事具帖送好土儀各項。協鎮、府員各捌，縣員各陸。該協鎮盡璧。府員登紈、絹、象尾、蠟盞肆色，縣員登桂皮、象尾毛、蠟盞、銀帮指肆色，餘均璧。又支錢買藥材隨用。是日仍泊。

初叁日。早，委行隨人等往該府城内北倉處訪明原前使部陪臣阮有絢、行人阮觀、通言阮有節等殯所。嗣有土人說，謂這處墳墓於咸豐八年府城破，有義民茹廷亮出貲移葬隔江上東山廟義塚等因。仍飭行隨人等備辦禮品隨與土人到處檢看。現有叁石誌，壹刻"越南陪臣阮素齋之墓"，壹刻"行人司務阮觀之墓"，壹刻"行人通事阮有節之墓"。事清，支錢給發渡夫與土人。是日仍泊。

初肆日。諸船户整理溯流帆索停當，仍泊。

初五日。酉刻，移津到銅鼓岩停泊。給發蒼梧縣差役土物有差。

初陸日。寅刻，開船。申刻，到古邊塘停泊。

初柒日。寅刻，開船。酉刻，到上古欖塘停泊。

初捌日。寅刻，開船。申刻，到覽水塘停泊。

初玖日。辰刻，開船。酉刻，到馬江塘停泊，有廵司。

初拾日。寅刻，開船。申刻，到凉風塘停泊。

拾壹日。寅刻，開船。申刻，到下符塘停泊。

拾貳日。卯刻，開船。申刻，到昭平縣津次停泊。奉政大夫知昭平縣事吴國梁、武略騎尉協左營昭平縣汛把總補用千總蔣得勷、修職郎昭平縣教諭蘇傑叁、修職佐郎昭平縣訓導盧湘等均具帖問好。縣員委人遞送酒席。

拾叁日。早，委行人通事具帖送好縣員土儀陸色各陸。紈、絹、布、扇、玳瑁蠟盞、桂皮。該縣員登蠟盞、象牙扇、絹叁色，餘璧。午刻，縣員登船拜會，仍留停泊。

拾肆日。諸船户納釐金局税未清。日暮，遇雨，仍留停泊。

拾伍日。卯刻,開船。酉刻,到桂花塘停泊。

拾陸日。卯刻,開船。酉刻,到巴江塘停泊。

拾柒日。卯刻,開船。酉刻,到大桔塘停泊。

拾捌日。卯刻,開船。酉刻,到長灘塘停泊。

拾玖日。卯刻,開船。午刻,到平樂縣釐金局津次,暫停。該局人就檢船户貨税,事清,再開船。就府前津次停泊。誥授振威將軍記名提督廣西平樂府協鎮刁經明、中議大夫知廣西平樂府事錦成、昭武都尉署廣西平樂府協左營都司唐際泰、宣武都尉署廣西平樂府协右營守備黄政球、武德騎尉左營城分守楊國庸、武信騎尉右營城守外委黄耀、文林郎知平樂縣事姚潤之、修職郎平樂縣丞胡光輔,均具帖問好。該縣員委人遞送酒席,仍委行人通事具帖送好協鎮府員土儀各項。協鎮陸色各捌,惟桂皮貳斤,府員陸色各陸,桂皮壹斤。該协鎮登布、桂,府員登絹、桂,餘璧。

貳拾日。早,委行人通事具帖送好縣員土儀。陸色各陸,惟桂壹斤。該縣登絹、布,餘璧。梧州之文武隨送梁樹棠、劉松芳辭回。送好土儀,盡璧。昭平縣辦差辭回,給發土物、錢文及船户候領水脚錢,未清,留泊。

貳拾壹日。辰刻,開船。酉刻,到劉公塘津次停泊。

貳拾貳日。辰刻,開船。巳刻,到陽朔縣城津次停泊。誥授文林郎知陽朔縣事王鎮南、武略騎尉桂林營協防陽朔汛副總司秦啓端、駐防陽朔縣汛分府秦勝登、仕佐郎陽朔縣典史鄒林等均具帖問好。該縣員委人遞送酒席。仍委行人通事具帖送好土儀,縣員登絹、布貳色,餘璧。平樂縣差役辭回,給發土物。又釐金局就各船户檢刷征税,仍留停泊。

貳拾叁日。卯刻，開船。戌刻，到黄阜塘停泊。

貳拾肆日。卯刻，開船。遇雨。戌刻，到南亭塘停泊。

貳拾五日。卯刻，開船。連雨。酉刻，到龍門塘停泊。

貳拾陸日。卯刻，開船。申刻，到廣西省城津次停泊。奉政大夫知廣西臨桂縣事趙準具帖問好，又委人遞送酒席。

貳拾柒日。早，委通事先咨巡撫布按各省堂，具帖請見。嗣接廣西巡撫部院蘇鳳文、署理布政佛爾國春、按察朱文江、鹽法道慶福、桂林府知府趙元模、昭武都尉署理桂林城守備唐紹杰、修職郎即用縣丞邱光瑩，均具帖問好。辰刻，臨桂縣員就船拜會，請移公館安歇。未刻，該縣員委屬將夫轎就在津次，仍飭將諸船箱函照交認遞。申刻，到公館，安置箱函，具足。給發諸船户銀兩。嗣接藩臺具帖訂以來日巳刻檢貢，

貳拾捌日。早，臨桂縣員到公館請來藩署檢貢，委給轎夫等候。巳刻，具大朝冠服，率行隨人等恭遞國書及貢品箱函，就布政堂呈檢。時布政堂中坐接，按察、鹽道二員左右分坐，款茶訖，布政員飭將國書及貢品于案上檢視。事清，臣等辭回，再恭遞國書貢項回館奉置。未刻，接縣衙差役送到縣員帖，呈將衣服、被褥、靴韈各項，稱承省憲委遞，贈給陪臣以及行隨人等。仍給發辦差、轎夫土物、錢文。再臨桂縣辦差來謁，給發土物各項。

貳拾玖日。换兑銀兩，取錢需用。巳刻，委行人通事具帖，將土儀各項送好文護貢李均、護送趙沃，間李均登布、蠟盏，趙沃登絹、桂皮，餘璧謝。申刻，武護貢岳齡委送酒席到館款待，仍給發擡夫錢文，再給去日辦差、轎夫、擡夫遞將貢項就藩司檢看土物、錢文。

拾月大

初壹日。文護貢李均委遞將墨、筆、硯、花箋各項贈好。認領事清，仍給發辦差銀錢有差。

初貳日。早，委行人通事具帖送好護貢委員兆慶土儀五色各五。絹、布、紈、象牙扇，桂皮壹斤。該員登象牙扇、絹貳色，餘並璧。至辰刻，臣等率行隨人等各具禮服恭遞贄見土儀捌色各拾五。象尾毛、象牙扇、絹、布、象牙酒盞、五色紈、玳瑁蠟蚤，桂皮叁斤。就撫臺行謁見禮，撫憲補服升坐，布按鹽道旁坐，臣等參謁禮畢，捧將咨文壹封遞納。撫臺接受訖，邀坐款乳、糖、果、茶，次款宴筵。每人壹桌，酒叁行，演戲叁齣。臣等起謝宴，辭回。其贄見禮品並璧。既回館，撫臺委送蟒袍料、綢紗、筆墨、香料、茶酒、蠟肉，並宴品等項款頓。給發差役擡夫銀錢、土物有差。

初叁日。巳刻，就文護貢李均公館拜會。該員延入款茶，交出片紙，問吴亞終事，令帶回公館商籌覆照。頃間辭去。帶行隨人等將土儀各項具帖贄見藩臺佛爾國春、臬臺朱文江、鹽道臺慶福，均稱不敢當，土儀並璧。未刻，就謁撫臺。由去日撫臺飭趙沃帖，訂以本日再入謁。延入花廳。臣等行謁見禮畢，壹跪叁叩。延坐。款茶間，撫臺慰勞臣等壹路辛苦，又問自富春以至關上行程幾何，臣等答謂公事莫敢辭勞，自富春至南關肆拾叁站[1]，行程約貳拾肆五日許。撫臺因言昨日接受貴國請兵助勦咨文壹封，另奉具由入奏，日下欽奉諭，準馮提督管兵壹萬，分爲五路，越境追勦，貴國應多派兵勇策應，並撥兵壹貳千餘鄉導。又謂大兵遠征，應由貴國爲討買餉米，接濟軍食。臣等答謂，這等款如承上憲大人咨到，下國自當妥辦，期于共濟。少頃，撫臺謂冬天水涸，陡河不便行船，應起陸，叁肆日可抵全州。已另飭州員具船迎接矣。良久，臣等辭回公館，飭行人通事具帖將土儀送好桂林府員趙元模、臨桂縣員趙準，均璧謝。給發轎夫及各衙差役銀錢、土物有差。

【校勘】

［1］站：底本原作“帖”，形近而誤。《燕軺筆録》作“站”，據改。

初肆日。早，回答李均編問各款，並委行人通事具帖將土儀、沉香、肉桂贈好撫臺，並將回摺草本呈閱，事清。沉、桂並登。又具帖率行人通事將土儀贄見翰林院編修提督廣西省學政楊霽，漢軍［旗］[1]人，探花。並往桂林府知府趙元模府署拜會，謁禮均不敢當，土儀楊提學盡璧。再具帖將桂皮就臨桂縣知縣趙準拜會贈好，該員延入款茶。登桂皮。少頃，辭回。仍給發藩臬臺、鹽道臺文書房、茶房、砲手、辦差、擡夫、轎夫土物、銀錢有差。

【校勘】

［1］旗：此字底本原無，《燕軺筆録》有，據補。

初五日。早，委行人通事具帖，將土儀贈好藩司經歷金治平，武巡捕王錫元、唐上林，文巡捕裘彬、汪慶壽，中軍守備唐紹杰。王錫元、唐上林登紈、布貳色，唐紹杰登絹、桂貳色，餘並璧。又委行人恭詣文聖廟、伏波廟、文昌閣、關公廟進香。並將回摺遞稟撫臺認發，再具帖稟請辭行，事清，回。給轎夫錢文。夜初更，撫臺委武巡捕唐上林遞將圖書、筆墨、紙等項，就館贈好。照認，事清。贈好唐上林象尾毛、蠟盂、桂皮叁色，並登。給發差役擡夫土物、錢文，又給發公館辦差、厨房、茶房、更守、看辦各色土物、錢文有差。又支銀兩换兑，取錢文需用。

初陸日。巳刻，起陸進行。暮到靈川縣公館停住。知縣孫汝霖具帖問好，仍委行人通事具帖，將土儀送好縣員。登絹、布貳色，餘璧。又臨桂縣家人差役辭回，給許土物、銀兩有差。

初柒日。早，給發靈川縣公館辦差、號房、厨房、茶房銀錢有差。辰刻進行，暮到興安縣停住，知縣吕汝棠具帖問好。

初捌日。委行人通事具帖將土儀贈好縣員，登紈、絹貳色，餘璧。仍給發在公館辦差、厨房、茶房土物、錢文有差。辰刻進行，暮到全州山棗分司停住。

初玖日。卯刻進行，暮到全州城，住清湘書院。朝議大夫知全州文滙、武義將軍參府榮桂各具帖問好，又給發興安縣辦差辭回土物、錢文有差。

初拾日。委行人通事具帖將土儀送好州員文滙，登紈、布、絹、象尾毛、象牙扇、砂仁陸色。參府榮桂登紈、布、絹、象牙扇肆色。餘並璧。又給發應直清湘書院並初捌日山棗分司夜歇、初玖日覺山塘午歇之督辦、管厨、辦差、更守、茶厨房等人土物、銀錢有差。再支出銀錢、土物，臣阮思僩、臣黄並恭詣湘山寺進香，並捐銀兩。回，給轎夫錢文。日晚，飭遞將貢物箱擡登船安置。事清，仍停泊。

拾壹日。委行人通事具帖將土儀送好護貢委員王復吉，登布、絹貳色，餘璧。又支出銀兩换兑，取錢需用，再買藥材隨船服用。

拾貳日。給發全州辦差管貢箱土物，並支出銀兩换兑，取錢備用。給發諸船户錢文、土物有差。嗣因北風盛發，停泊。

拾叁日。卯刻，開船。申刻，到西瓦窑塘停泊。

拾肆日。卯刻，開船。暮到陸步頭塘停泊。

拾五日。卯刻，開船。暮到湘口停泊。是瀟湘合流處，去永州府城拾五里。

拾陸日。早，知永州府零陵縣事潘兆奎具帖委遞送酒席款頓，仍委行人通事具帖將土儀送好縣員潘兆奎。登絹、桂貳色。協鎮朱洪章登布、絹、紈、扇、桂五色。惟府員黄文琛並璧。又伴送之全州黄沙分司張祖栻具帖辭回，送好象尾毛、沉香，該員並登。又護送、支給、供應、辦差辭回，給發土物有差。

拾柒日。該縣給發水脚未清，仍停泊。

拾捌日。卯刻，開船。暮到鷓鴣塘停泊。

拾玖日。寅刻，開船。巳刻，到祁陽縣城津次停泊。知縣張正紀具帖問好，並委遞將酒席就船款頓。仍委行人通事具帖將土儀送好該縣員，盡璧。又零陵縣辦差辭回，給發土物、錢文有差。

貳拾日。申刻，開船。暮到古洲塘停泊。

貳拾壹日。寅刻，開船。暮到歸陽塘停泊。

貳拾貳日。寅刻，開船。暮到柏芳駟停泊。

貳拾叁日。寅刻，開船。暮到東陽渡停泊。

貳拾肆日。寅刻，開船。辰刻，到衡州府城停泊。協鎮武功將軍胡正盛、中憲大夫衡永桂兵備道陳象沛、奉議大夫鹽運使銜即補道知衡州府張士寬、朝議大夫糧補府姚有和、奉政大夫知衡陽縣羅慶薌、奉政大夫知清泉縣王開運各具帖問好，並委將酒席款待。仍委行人通事具帖將土儀送好協鎮、道臺、知府土物各陸，知縣土物各五，均璧謝。回，給轎夫、擡夫錢文。又祁陽縣辦差辭回，給發土物有差。

貳拾五日。申刻，開船。暮到河陽口停泊。

貳拾陸日。寅刻，開船。暮到老人灘停泊。

貳拾柒日。寅刻，開船。巳刻，到衡山縣城津次停泊。知縣朝議大夫李惟丙具帖問好，並委遞酒席款待。仍委行人通事具帖將土儀送好該縣員，登象牙扇，餘璧。又衡陽、清泉貳縣辦差辭回，給發土物有差。

貳拾捌日。巳刻，開船。暮到馬公站停泊。

貳拾玖日。卯刻，開船。暮到朱庭站停泊。

叁拾日。卯刻，開船。酉刻，到龍灣塘停泊。

拾壹月大

初壹日。卯刻，開船。酉刻，到下灣塘停泊。

初貳日。卯刻，開船。午刻，到湘潭縣城停泊。知縣吕汝鈞、騎都尉湖南長沙協湘潭汛鄧萬年、雲騎尉湖南長沙協貼防湘潭汛城守外委千總田生惠、文林郎内閣中書湘潭縣教諭鄒湘倜、儒林郎特授湖南長沙府湘潭縣訓導陳熙衢，各具帖問好。縣員委遞酒席供頓。仍飭行人通事遞將土儀送好縣員，登紈、布、砂仁叁色，餘璧謝。給發轎夫錢文並衡山縣辦差辭回土物有差。

初叁日。早，給發湘潭縣辦差遞送酒席土物、錢文。巳刻，開船。申刻，到包爺廟停泊。

初肆日。卯刻，開船。未刻，到湖南省城津次停泊。委通事遞帖就省稟請謁見日期，隨接知湖南長沙府事孫翹澤、長沙縣員劉采邦、善化縣員麻維緒各具帖，湘陰縣員于[1]學琴委遞帖問好。長沙善化貳縣委遞物食供頓。又湘潭縣辦差辭回，給發土物、錢文有差。

【校勘】

［1］于：底本原作“於”，當作“于”。于學琴，《續修耒陽縣志》修纂者。

初五日。撫臺劉崑、布政李榕、按察李廷樟、鹽法長寶道白恩佑、糧儲道彭慶鐘各具帖問好，並請來見。午刻，臣等率行隨人等各具襀服，恭遞贄見土儀捌色。就撫臺行謁見禮。壹跪叁叩。撫臺答揖，恭問我皇上安好，年穀豐登，並慰臣等壹路艱勞。答訖，邀坐款茶款宴。每人壹桌，酒叁行，演戲叁齣。臣等起謝宴，辭回。其贄見禮並璧。既回船，撫臺委遞袍料、筆墨、茶、紙、酒席，就船款頓。仍給發辦差擡夫、轎夫土物、銀錢有差。

初陸日。早，委通事具帖稟藩臬道臺請來贄見，嗣據回稟，惟藩臺請來相見。餘臬臺道臺均稱不敢當。臣阮思僩偶感，臣黎峻、臣黄並率行人通事各具襀服，恭遞贄見土儀，就藩臺謁見，藩臺辭不受謁，禮接請坐，恭問我皇上安好，年穀豐登。臣等隨事酬答訖，請坐款茶。其贄禮登象尾毛捌條，土絹、象牙扇、蠟盉、色紈各貳，土布壹。餘璧謝。臣等起謝辭回。給發擡夫、轎夫錢文。

初柒日。早，委行人通事具帖遞將土儀贈好臬臺道臺並府縣，惟長沙縣員劉采邦登桂皮，餘並璧。是日午刻，藩臺委人遞將葛布、茶粉就船款送。仍給發該委員並轎夫、擡夫土物、錢文有差。

初捌日。遇雨，仍留泊。藩臺委人遞將己巳年暦，就船分送。仍給發差人土物，並各該船户帖拜冬至節，給發銀兩有差。

初玖日。未刻，開船。暮到落灘河停泊。

初拾日。風雨盛發，仍泊。

拾壹日。卯刻，開船。暮到灣河口停泊。

拾貳日。卯刻，開船。巳刻，到湘陰縣城津次停泊。縣員于學琴、武德騎尉湖南湘陰汛城守高壽田、特授文林郎湖南長沙府湘陰縣縣丞胡醴源，各具帖問好。仍委行人通事具帖將土儀送好縣員，並遞送銀五兩，祈委辦禮品告謁洞庭廟。該縣覆謂禮品已飭預辦，這銀並土儀皆璧謝。仍給發轎夫錢文。

拾叁日。因風雨盛發，仍泊。

拾肆日。早，臣黎峻率行人各具襜服並沉香，謁洞庭神廟，事清，回船。給發執事人等銀錢、土物有差。是日，風雨盛發，仍留泊。

拾五、拾陸、拾柒等日。雨雪，寒甚。仍留泊。

拾捌日。卯刻，開船。午刻，到㮾田汛停泊。

拾玖日。卯刻，開船。未刻，到鹿角汛停泊。

貳拾日。辰刻，開船。巳刻，到岳州府城津次停泊。知岳州府尚慶潮、記名武顯將軍武義都尉文漢章、巴陵縣員嚴鳴琦、武德騎尉彭勝得、嚴占魁、張武魁、武略騎尉李占元、修職郎湖南岳州府經歷汪德森，與湖北武昌府嘉魚縣員鄭炎各具帖問好。仍委行人通事遞將土儀送好府員尚慶潮、武義騎尉文漢章、縣員嚴鳴琦，均璧謝。該縣員隨遞酒席，就船款頓。仍給發轎夫、擡夫、辦差土物、錢文有差。

貳拾壹日。未刻，開船。暮到白螺磯停泊。

貳拾貳日。卯刻，開船。申刻，到嘉魚縣江分停泊。縣員鄭炎、奮武騎尉湖北武昌城守營鎮營守嘉魚縣將軍張正祥、武略騎尉李成志，各具帖問好。仍委行人通事遞將土儀送好縣員，登絹桂貳色，餘璧謝。

貳拾叁日。午刻，開船。行約五里，因北風，停泊。

貳拾肆日。因北風,仍留泊。

貳拾五日。卯刻,開船。未刻,到簰洲司停泊。

貳拾陸日。卯刻,開船。暮到金口司停泊。

貳拾柒日。卯刻,開船。未刻,到湖北省城津次停泊。隨接署理湖廣督部堂郭柏蔭、署理巡撫部院何璟、布政使王文韶、按察使鄭蘭、督糧道丁守存、漢黄道鍾[1]謙鈞、鹽法武昌道何維鍵、知湖北武昌府事黄昌輔、同知金嘉騤、知江夏縣事恒琛、武功將軍扎拉罕,並知漢陽府員艾俊美、縣員王廷楨,各具帖問好。仍委通事遞帖就省請定謁見日期。給發轎夫錢文。

【校勘】

[1] 鍾:底本原作“鐘”,《燕軺筆録》皆作“鍾”,據改。下同。

貳拾捌日。據通事呈,稱承督部堂訂以來日謁見。又嘉魚縣辦差辭回,給發土物、錢文。

貳拾玖日。早,臣等率行人各具朝服,由天氣嚴寒,故不用禬服。恭遞土儀就督部堂行贄見禮。壹跪叁叩。督部撫臺中坐,分東西,布按道臺左右坐,各起身答揖,恭問我皇上安好,年穀豐登,並慰勞臣等壹路艱勞。酬答訖,請坐款茶款宴。各壹桌。酒叁行,演戲叁齣。臣等起謝宴,辭回。其贄見禮並璧。既回船,督部堂前就津次委遞名帖,欲就使部拜會。護貢李道臺辭以坐船窄陋,不敢當。遂回。委遞紗袍物項酒席,就船款頓。仍給發江夏縣辦差、轎夫、擡夫、兵民、隨候土物、錢文有差。

叁拾日。早,臣等率行人各具朝服往督部堂答謝,並委行人通事遞將土儀贈好撫臺藩臬臺拜會,均以我皇上安好年穀豐登，與本國試法爲問。臣等隨事應答訖，辭回。其贈好土儀並璧。仍給發轎夫、擡夫錢文。

拾貳月小

初壹日。早，委行人通事遞將土儀就督糧鹽法貳道臺送好，並具帖請謁。該各道員各具帖請拜會。其土儀盡璧。午刻，率行隨人等各具朝服，就貳道臺拜會。丁道臺問我皇上安好，國内安静否。又問國史經學試法同異。臣等隨應答訖，辭回。何道臺不遇。仍給轎夫、擡夫錢文。

初貳日。仍泊。接護貢李道臺帖，訂以來日移船漢口，初柒日就道。經具帖乞停留漢口旬日，以便製辦寒衣。接藩臬並督糧鹽法各道臺委遞衣服、書本、對聯各項，贈給臣等並行人，事清。給發辦差、轎擡及給差役隨辦在省津次各色兵夫土物、錢文，又支銀兩兑换，取錢需用。

初叁日。辰刻，開船。巳刻，到漢陽縣津次停泊。該縣員王廷楨具帖請移公館安住。經飭撰檢貢箱及公私箱各項，照交認遞。仍給許船户銀兩，事清。未刻，抵館，安置箱函，具足。給發轎夫錢文。嗣接誥授中議大夫鹽運使銜知漢陽府事艾俊美、武略騎尉漢陽協營耑城總廳邱維豐、漢陽縣典史黄辰均具帖問好。

初肆日。早，委行人通事具帖，將土儀送好協鎮員施恩、漢陽府員艾俊美，並登桂皮，餘璧謝。再商以年前過漢口必留歇旬日，結束起早，致於拾壹月叁拾日曾以天寒路遠，過漢口應留旬日整辦寒服爲請，督撫列憲各已許諾，兹不駐漢鎮而駐府城公館，涉漢往返不便，遣行人通事將土儀送好漢陽縣員，並賫帖詳該縣員，擬以日内再下舟往泊漢口，辦行裝，旬日就道。該縣員辭以漢口現有西洋國人居商,使部不便處此,省憲主意已定,不聽。其土儀璧謝。嗣護貢道臺李均到館拜會,再以情告,該員亦以身是來客,不能作主爲言。且出郭督部帖,言使部不可久留。臣等因語道臺,以處此既不便往來買賣,亦不應久留,請早定起早日期,以便整頓行李。道臺謂且俟商覆,良久辭去。又接湖北按察使鄭蘭委遞贈好茶、聯、書、箋各項。仍照發辦差並轎夫土物、錢文,及支銀兩給發使部隨人辦買寒服。

初五日。委行人通事具帖,將土儀送好湖北漢黄德道鍾謙鈞,登桂皮,餘盡璧。又飭行隨人等往漢口鋪兑賣貨項。給發轎夫錢文。

初陸日。早,飭行隨人並通事等往漢口鋪兑賣貨項,又接署湖北候補府伍繼勛委送贈好筆墨聯各項。仍照發辦差並轎夫土物、錢文。

初柒日。早,接湖北漢黄德道鍾謙鈞委遞贈好書聯各項。仍照發辦差轎夫土物、錢文,並具帖呈護貢列位。訂日起程[1],及給發轎夫錢文。

【校勘】

[1] 程:底本原作“呈”,形近致誤,據文意改。

初捌日。委行人通事等遞將回摺草本並辭行帖呈納湖北省堂照閲。又給發轎夫、渡夫錢文,及换兑銀兩,取錢需用。

初玖日。委行人通事遞將回摺登納湖北督部堂認發回國,又接漢陽府員艾俊美贈好聯對。給發該府辦差及武護貢兵役、轎夫土物、錢文有差。

初拾日。拜會漢黄德道鍾謙鈞[1]。該員問我皇上安好,及本國所産穀類、節候、經學與中國同異。臣等隨事應答訖，辭回。仍給發轎夫錢文，並給發直館辦差、茶房、厨房、更守、兵役人等土物、錢文有差。又買箱子備貯燕窩，及换兑銀兩，取錢需用。

【校勘】

［1］鈞：底本原作“鈞”，形近致誤。據上文及《燕軺筆録》改。

拾壹日。辰刻，進行。申刻，到灄口店屬黄陂縣。停住。知縣劉昌緒具帖問好。委行人通事具帖將土儀送好縣員，盡璧。

拾貳日。早，給發黄陂縣辦差、茶厨房錢文。辰刻，進行。酉刻，到雙廟店停住。

拾叁日。早，給發差役、茶厨房錢文。辰刻，進行。申刻，到楊店鋪屬孝感縣。停住。

拾肆日。卯刻，給發辦差及茶厨房錢文土物。進行。酉刻，到小河溪鋪停住。誥授奉議大夫知孝感縣事文齡具帖問好。委行人通事具帖送好土儀，該縣員璧謝。

拾五日。早，給發孝感縣辦差、茶厨房土物、錢文。進行。酉刻，到廣水塘停住，屬德安府應山縣。知府振麟、知縣朱榮實均具帖問好。仍委行人通事將土儀送好，該府員登絹，餘均璧。並兑换銀兩，取錢需用。

拾陸日。早，給發應山縣辦差土物、錢文。進行。酉刻，到河南省汝寧府信陽州李家寨停住。汝寧府知府覺羅溥泰、誥授振威將軍信陽協鎮尹嘉賓、奉政大夫知信陽州事楊修田、武德騎尉信陽城守營史謨均具帖問好。湖北省短送之武功將軍扎拉罕、馬隊等營劉秉忠具帖辭回。仍委行人通事將土儀送好扎拉罕，登桂皮、砂仁，餘均璧。

拾柒日。早，給發直候信陽州李家寨之辦差、茶厨房土物、錢文。進行。酉刻，到信陽府州城停住。中憲大夫鹽運使汝南光道溥壽彤、振威將軍信陽協鎮尹嘉賓、奉政大夫知信陽州事楊修田、武德騎尉信陽城守營史謨均具帖問好。仍委行人通事具帖將土儀送好該鹽運道、協鎮、府縣等員。均璧。又湖北短送之候補伍繼勛、經歷張福鑅具帖辭回。仍委行人通事將桂皮、砂仁送該貳員，盡登。

拾捌日。早，給發湖北轎夫頭辭回錢文。進行。酉刻，到明港駟屬信陽州。停住。

拾玖日。早，給發明港駟辦差、茶厨房錢文、土物。進行。酉刻，到確山縣銅川書院停住。

貳拾日。早，奉政大夫河南汝寧府知確山縣事戴文海具帖問好。仍委行人通事具帖將土儀送好，盡璧。隨人换轎乘車。給發該縣辦差、茶厨房土物、錢文。事清，進行。酉刻，到遂平縣城書院停住。支錢買鐵釘雇匠補辦箱擡。

貳拾壹日。早，誥授朝議大夫知遂平縣事張書紳具帖問好。仍委行人通事遞將土儀送好，盡璧。進行。申刻，到西平縣城停住。奉政大夫知西平縣事杜傑魁具帖問好。仍委行人通事將土儀送好，盡璧。

貳拾貳日。早，進行。申刻，到郾城縣景文書院停住。奉政大夫知郾城縣事沈[1]玟具帖問好。仍委行人通事將土儀送好，璧謝。又支錢買釘雇匠修補貢箱。

【校勘】

[1] 沈：底本原作“沉”。姓氏當作“沈”。

貳拾叁日。早，給發郾城縣辦差、茶厨房土物、錢文。進行。申刻，到臨潁[1]縣城潁川書院停住。奉政大夫知臨潁縣事楊維宗[2]具帖問好。仍委行人通事將土儀送好該員，盡璧。

【校勘】

［1］穎：底本原作"穎"，形近致誤。今改。

［2］宗：底本原作"尊"，避諱字。陳垣修《重修臨穎縣志》之《職官表》作"宗"，同治七年任。據改。

貳拾肆日。早，給發臨穎縣辦差、茶厨房土物、錢文。進行。申刻，到許州城停住。奉政大夫知許州事葉世槐、奉直大夫協理許州候補知縣世襲雲騎尉吕鐘澤均具帖問好。仍委行人通事將土儀送好，均璧謝。

貳拾五日。早，給發許州辦差、茶厨房土物、錢文。事清，進行。酉刻，到新鄭縣城屬開封府。公館停住。奉政大夫知新鄭縣事李純錫具帖問好。仍委行人通事將土儀送好，璧謝。

貳拾陸日。早，給發新鄭縣辦差、茶厨房土物、錢文。事清，進行。酉刻，到鄭州城公館停住。

貳拾柒日。早，委行［人］[1]通事具帖將土儀送好知鄭州王運塘，璧謝。並兑换銀兩，取錢需用。又支錢買鐵釘雇匠補辦貢箱。事清，進行。申刻，到滎[2]澤縣草村坡停住。朝議大夫知滎澤縣事孫厚均委人具帖問好。仍委行人通事將土儀送好，盡璧。

【校勘】

［1］人：此字底本原闕，據文意補。

［2］滎：底本原作"滎"，形近而誤，下即作"滎"。

貳拾捌日。早，給發滎澤縣辦差土物、錢文。進行。巳刻，過黄河。酉刻，到獲嘉縣亢[1]村馹停住。貢品箱擡及行隨人等間多留滯河濱，行隨人等有至夜五更方到館。箱擡停至貳日，乃始齊到。奉政大夫知河南衛輝府獲嘉縣事陶大勝具帖問好。

【校勘】

［1］亢：底本原作“元”，今獲嘉縣仍有亢村鎮。本書五月初七日回程時作“亢”，是。

貳拾玖日。飭檢點箱函，仍留過年。又委行人通事具帖將土儀送好獲嘉縣員陶大勝，盡登。

嗣德貳拾貳年清同治捌年正月大

初壹日。給許行隨、通事、辦差、轎夫人等節日銀錢有差。又該縣缺頓，支錢給辦食用。

初貳日。卯刻，進行。申刻，到新鄉縣城停住。奉政大夫知新鄉縣事多仁具帖問好。仍委行人通事具帖將土儀送好該縣員。登絹、紈貳色，餘璧。

初叁日。早，給發新鄉縣辦差銀兩。辰刻，進行。申刻，到衛輝府城北門外橋北舖公館停住。朝議大夫知府楊維翰具帖問好，送酒席款待。仍給發辦差、擡夫土物、錢文。奉政大夫知汲縣事楊九齡具帖問好。再委行人通事具帖將土儀送好府縣員。惟縣員登絹、桂貳色，餘均璧回。給轎夫錢文。又支銀兩兑換錢文需用。

初肆日。早，給發汲縣辦差土物、錢文。進行。申刻，到淇縣南關店公館停住。奉政大夫知淇縣事陳士杰具帖問好。仍委行人通事具帖將土儀送好該縣員。登紈、桂貳色，餘璧回。給發擡夫錢文。又支錢買枲繩補辦貢箱。

初五日。早，給發淇縣聽差錢文。進行。申刻，到湯陰縣宜溝馹停住。奉政大夫知湯陰縣事雙林具帖問好。仍委行人通事具帖將土儀送好該縣員，登絹、桂貳色，餘璧回。給擡夫錢文。再委將桂皮贈好護送衛輝府員楊維翰，並登。日暮，縣員委人遞將綢紗、山藥、熟地各項贈好。臣等登山藥、熟地貳色，餘璧謝。給發辦差、擡夫土物、錢文。又貢箱折破，支錢借匠補辦。

初陸日。早，給發湯陰縣辦差土物、錢文。進行。巳刻，經過岳武穆王廟，進香。給發岳王貳拾五世孫岳秀實銀兩。酉刻，到彰德府南關外瑞升店停住。仍委行人通事具帖將土儀送好知府慶釗、知安陽縣劉觀光，並登絹、砂仁貳色，餘璧。給發擡夫錢文。

初柒日。早，給發安陽縣辦差銀兩錢文。進行。申刻，到磁州城内公館停住。朝議大夫知磁州事王簡具帖問好。仍委行人通事具帖將土儀送好該縣員，盡璧。再接直隸省委員候補知府常桂森具帖問好。

初捌日。早，給發磁州辦差、茶厨房土物、錢文。進行。申刻，到邯鄲縣城外南關舖停住。奉政大夫知邯鄲縣事侯國藩具帖問好。仍委行人通事具帖將土儀送好該縣員，登桂皮，餘璧謝。給發擡夫錢文。

初玖日。卯刻，進行。酉刻，到永年縣臨洺關公館停住。貢箱折破，支錢買釘繩借匠補辦，並買藥料。

初拾日。早，該縣供應不敷，支錢辦買食用。辰刻，進行。酉刻，到順德府城南門外義興店停住。朝議大夫知順德府事任道鎔、朝議大夫知邢臺縣事陶雲錦均具帖問好。仍委行人通事具帖將土儀送好，並璧。

拾壹日。早，給發邢臺縣辦差、茶厨房土物、銀兩有差。辰刻，進行。酉刻，到内邱縣中邱書院停住。奉政大夫知内邱縣事趙浚具帖問好。委行人通事具帖將土儀送好該縣員及直隸省委員護接之候補府常桂森,均璧謝。

拾貳日。早,給發内邱縣辦差、茶厨房土物、銀兩、錢文有差。巳刻,進行。酉刻,到柏鄉縣城外南門關店停住。奉直大夫知柏鄉縣事宋陳壽具帖問好。仍委行人通事具帖將土儀送好該員,登絹、桂貳色,餘璧。

拾叁日。早,給發柏鄉縣辦差、茶厨房土物、錢文。辰刻,進行。酉刻,到趙州城内考試院停住。通議大夫候補知府知趙州事高維翰、朝議大夫候補知縣知趙州州判孟傳鑄各具帖問好。仍委行人通事具帖將土儀送好,惟高維翰登絹桂貳色,餘均璧。

拾肆日。早,給發趙州辦差、聽差土物、錢文。卯刻,進行。申刻,到欒城縣外南關舖停住。朝議大夫知欒城縣事王福瀛具帖問好。仍委行人通事具帖將土儀送好該縣員,盡璧。給發擡夫錢文。

拾五日。早,該縣供應不敷,支錢買辦食用。辰刻,進行。酉刻,到正定府城公館停住。朝議大夫知正定府事王啓曾、通議大夫正定同知郭斌壽、朝議大夫知正定縣事夏獻烈均具帖問好。仍委行人通事具帖將土儀送好,均璧。

拾陸日。早,正定縣缺供應。支錢辦買食用。辰刻,進行。申刻,到新樂縣西關店停住。朝議大夫知新樂縣事劉福齡具帖問好。仍委行人通事具帖將土儀送好該縣,盡璧。

拾柒日。早,給發新樂縣辦差、茶厨房土物、錢文。辰刻,進行。申刻,到定州城外西關店停住。中議大夫知定州事汪鳴和具帖問好。仍委行人通事具帖將土儀送好該縣員,盡璧。並支銀兩换兑錢文需用。又行隨人等多感風寒,支錢買藥材服用。

拾捌日。早,給發定州辦差、茶厨房、聽差土物、錢文,並飭行人買各項眼藥。辰刻，進行。申刻，到望都縣城外東關店停住。奉政大夫知望都縣事吴師郊具帖問好。仍委行人通事具帖將土儀送好該縣員，盡璧。給發車夫錢文。

拾玖日。早，給發望都縣辦差、茶厨房、聽差錢文。辰刻，進行。午刻，到滿城縣方順店中伙。給發辦差銀兩。酉刻，到直隸省城外西定門店停住。

貳拾日。早，委行人通事具帖就省稟到請見。嗣接誥授光禄大夫總督部堂官文、通議大夫布政使盧定勳、通議大夫按察使張樹聲、中憲大夫分巡清河道費學曾，各具帖問好，並請來見。朝議大夫知保定府事思福、文林郎知清苑縣事何崧泰亦各具帖問好。巳刻，臣等具朝服率行人通事遞將土物就督部堂贄見。督部員中坐，布按道臺左右下坐，文武等員分東西立，如各省儀。臣等參行謁禮壹跪叁叩。畢，督部員拱手，恭問我皇上安好，又慰問臣等跋涉艱勞，並年穀如何。臣等隨事應答訖，就坐，款茶酒演戲。其贄見禮並璧。頃間，省堂委員遞將宴品品項，就館款頓。仍給發派人土物、錢文有差，並給發轎夫、車夫錢文，又支銀兩换兑，取錢需用。

貳拾壹日。支錢買麻繩、鐵釘，借匠補辦箱擡。

貳拾貳日。早，委行人通事具帖將土儀贈好布政、按察、道臺、將軍、府縣等員，並璧。午刻，督部堂請來拜會，臣等入見。於花廳行半跪禮訖，就坐。督憲恭問我皇上安好，春秋幾多，又問去年禾穀好否，並臣等何日起程，臣等隨事應答。督憲又問本國幅員幾千里，臣等對以叁千里，兵數以貳拾萬對。問府、州、縣之數，對以陸拾餘府，貳百五拾餘州縣。末又囑臣等以入京日宜戒飭行隨，勿令在外浪走。款茶訖，起辭。督憲送至階前。回館，給發轎夫、車夫錢文。

文護貢李均委將酒席款待。仍給發差人土物、錢文。

貳拾叁日。早,委行人通事具帖就省請辭行。給發車夫錢文,並支銀兩换兑,取錢隨用。

貳拾肆日。該縣换給車輛,仍留寄坐轎。事清,給發公館應役茶厨房、更夫等錢文。申刻,進行。酉刻,到安肅縣城外北關店停住。朝議大夫知安肅縣事常忠具帖問好。

貳拾五日。早,委行人通事具帖將土儀送好安肅縣員,並璧。仍給發車夫錢文,並給發差役土物、錢文有差。辰刻,進行。申刻,到定興縣北河店停住。朝議大夫知定興縣事趙秉恒具帖問好。仍委行人通事具帖將土儀送好該縣員,並登。給發車夫錢文。

貳拾陸日。早,定興縣缺供應。支錢文給發行隨人等,辦買食用。辰刻,進行。酉刻,到涿州城外南關店停住。奉直大夫知涿州事郝聯薇具帖問好。仍委行人通事具帖將土物送好該州員,並璧。給發車夫錢文。

貳拾柒日。早,該州缺供應,支出銀兩辦買食用,又給發差役錢文。辰刻,進行。酉刻,到良鄉縣城外北關店停住。朝議大夫知良鄉縣事王堃具帖問好。

貳拾捌日。早,委行人通事具帖將土儀送好良鄉縣員,登紈、桂貳色,餘璧。給發車夫錢文。又該縣缺供應,支出銀兩辦買食用,再給發差役土物、錢文。辰刻,進行。申刻,到宛平縣界長辛[1]店停住。又支出銀兩辦買食用。

【校勘】

[1] 辛,底本原作"新"。或以爲長辛店原名常新店,今統一作"長辛店"。

貳拾玖日。早,給發長辛店應辦差役錢文。辰刻,進行。經過盧溝橋。申刻，到廣安門。又行數里，入正陽門，就内務府四譯公館安歇。仍給發車夫銀兩。隨見主客司，咨飭館員明日辰刻護送使臣就部進表。

叁拾日。辰刻，臣等各具朝服，帶同行人通事奉遞國書，隨文武護貢員就禮部主客司竚候。午刻，該部司員請遞國書，安置于部堂正中間黄案。尚書萬青藜立于黄案之左，臣等行叁跪玖叩禮訖，臣黎峻奉捧國書加額，交部司轉交尚書官。接受，奉置于黄案上。禮畢，臣等白尚書官，行壹跪叁叩禮。尚書官恭問我皇上安好，並慰問臣等遠來辛苦。臣等再向館卿裕寬行叁揖禮。各答揖，隨回公館。給發車夫銀錢。

貳月小

初壹日。飭行隨撰將貢箱整檢歸束，安置俟納。

初貳日。飭行隨遍往諸號舖看貨項。午刻，禮部委四譯館大使陳焞、序班陶以謙、吴烺、譯字生翟作霖、王世銘等遞將賞項之錦緞、綢羅、瓷器、漆器于館正中間案上陳設，臣等具朝服行叁跪玖叩禮，祗領。事清，送好該派員，並給發擡夫土物、銀兩、錢文有差，並换兑銀兩，取錢需用。

初叁日。早，飭行隨就舖看項。給發車夫錢文。

初肆日。未刻，接禮部員外裕長、松林、劉錫全、主事善聯、王福保等就館拜會訖，隨接朝鮮國使臣金有淵、南廷順、趙秉鎬就于館前之玉成參店邀請拜會。臣等前往相見，問話良久，辭回。

初五日。巳刻，接見主客司移付，初陸日皇上親詣大高[元][1]殿拈香，使臣應在神武門外瞻仰。移付在館，明日准寅初刻到處直候。又接朝鮮國使臣派人遞送物件，給發土物。

【校勘】

［1］大高元殿：本書皆作“大高殿”，《燕軺筆録》作“大高元殿”。大高元殿即明朝大高玄殿，清人避“玄”字諱改作“元”，《如清日記》蓋爲避諱，闕“玄”字，今補“元”字，從清人之稱。下皆同。

初陸日。寅初刻，臣等各具朝服，隨伴送員就神武門外竚候。卯刻，奉大皇帝駕至，臣等列跪道右瞻仰。禮部侍郎宗室綿宜奏“越南使瞻仰天顔”，奉玉音問我皇上好。禮部官代奏“好”。臣等叩謝，仍跪。駕過，站[1]起，回館。午刻，接尚膳司遞將羊肉各項餅就館，傳稱奉大皇帝回宫御膳，念使臣壹路勞苦，特命宣賜。臣等具朝服于館中拜領訖，給發來人土物。又接主客司移付，本月初玖日巳刻就鴻臚寺演儀禮，給發來人錢文。未刻，接朝鮮國使臣遞送物件，給發來人象牙扇壹把。

【校勘】

［1］站：底本原作“店”，形近致誤。據文意改。

初柒日。早，委行人通事遞將土儀、銀兩贈好文護貢李均，登象牙盞、紈貳色，餘璧謝。給發車夫錢文。

初捌日。早，委行人通事遞將土儀贈好武護貢岳齡，並璧。給發車夫錢文。

初玖日。早，接四譯館大使陳焞來謁，送好銀兩、土物。巳刻，臣等各具朝服，率行隨人等就鴻臚寺演儀，事清，回館。給發該寺差役並車夫銀兩、錢文有差。又换兑銀錠，取錢需用。

初拾日。早，飭行隨就舖看項，並買藥材服用。仍給發車夫錢文。

拾壹日。早,委行人通事遞將土物、銀兩贈好四譯館提督裕寬,並璧。給發車夫錢文。

拾貳日。早,委行人遞將禀文敘賞項不符事。就提督四譯館裕寬。給發車夫錢文。

拾叁日。委行隨就舖看項定價。申刻,接見主客司移付,内務府定以拾柒日辰刻遞將貢品,由該府交納。仍給發差人錢文。

拾肆日。委行人就請富陽縣蘇完成瑞來館拜會。仍給發車夫錢文。

拾五日。委行人遞將土物送好護貢委員兆慶,登象尾毛、玳瑁蠟盞貳色,餘璧謝。給發車夫錢文。午刻,又接四譯館大使陳焞拜會,臣等將禀文貳本壹敘賞項不符,請將臣等本分折納壹半事;壹敘請留祝拜萬壽慶節事。交該員轉呈館卿禀部審辦。

拾陸日。早,委行人遞將貢項不符並請留祝拜萬壽慶節禀文貳本呈知護貢李均,再飭撰將土物送好禮部主客司員外松林,不遇。仍各給發車夫錢文。

拾柒日。早,委行隨各具襘服恭遞貢品,由内務府奉納。大使陳焞等來見,仍送土物並給發車夫錢文。申刻,接主客司移付,拾捌日皇上親詣大高元殿拈香,陪臣應赴神武門外跪送跪迎,准是日寅初刻前往該門恭候。給發遞呈移文差人錢文。

拾捌日。寅刻,臣等各具朝服,隨四譯館大使陳焞就神武門外竚候。卯刻,奉大皇帝駕至。臣等跪送于御道右,駕過,站立。約叁刻,駕回轉,跪迎于回道之右。事清,回館。給發神武門外候房兵丁並車夫錢文。未刻,率行人就舖看項。仍給發車夫錢文。

拾玖日。委行人來請原知富陽縣員蘇完成瑞來館拜會。給發車夫錢文。午刻,接大使陳焞來見,送以土物、銀兩,又换兑銀兩,取錢需用。

貳拾日。委行人就舖買項,並委通事就呈護貢李均公事。給發車夫錢文。巳刻,蘇完成瑞來館拜會,詢以看驗人參、海狗腎方法,良久,辭去。支出錢文辦買點心款待。又給許差人遞詳論文錢文。

貳拾壹日。

貳拾貳日。

貳拾叁日。接主客司移付,貳拾肆日皇上親詣壽皇殿行禮,陪臣應赴神武門外跪送跪迎,准是日寅刻前往該門恭候。給發差人錢文,並辦買藥材服用。

貳拾肆日。寅刻,臣等各具朝服,隨四譯館大使陳焞就神武門直候。卯刻,奉大皇帝駕至。臣等跪送于御道右,駕過,站立。駕回,跪迎。事清,回館。給發在神武門外候房兵丁並車夫錢文。巳刻,接尚膳司柏唐阿金文魁、汪榮秀等遞將羊肉各項餅就館,傳稱奉大皇帝頒賜,臣等具冠服于館中拜領訖,給發來人銀兩、土物、錢文。午刻,臣阮思僩、臣黄並前就探花李文田住所拜會,事清,回館。給發車夫錢文。日晚,禮部屬司就館,將部堂代題請留祝萬壽慶節貳拾肆日奏本日奉旨依議摺呈照。給發來人銀兩。

貳拾五日。午刻,内務府將冬服物項就館賞給,臣等各具朝服率行隨拜領訖,給發擡夫銀兩。又接禮部屬司將原請回納賞項壹半稟文發還各理,年號後有萬尚書批示。仍給發來人土物,並許大使陳焞土布壹疋。

貳拾陸、貳拾柒等日。德泰號陳如山遞將錦緞紗綢就館揀檢。

貳拾捌日。早，委行人通事遞將土儀贈好護貢委員王復吉，不遇，回。給發車夫錢文，並買鐵匣、藥材備用。

貳拾玖日。

叁拾日。大使陳焞、序班吴烺等來請銀錢，送以土物、銀兩。

叁月大

初壹日。

初貳日。接主客司移付，本月初肆日奉皇上詣大高元殿行禮，使臣至是日寅刻應到神武門跪迎送等因。同日給發轎夫錢文，並兑换銀兩需用。

初叁日。

初肆日。寅刻，臣等各具朝袍，隨四譯館大使陳焞等就神武門外直候。卯刻，奉大皇帝駕至，臣等跪送于御道右。駕過，站立。駕回，跪迎。事清，回館。給發神武門候房兵丁並車夫錢文。巳刻，接尚膳房柏唐阿長元、蘇拉等遞將羊肉各項餅就館，傳稱大皇帝頒賜。臣等具朝服于館中拜領訖，給發來人銀兩、土物、錢文。日晚，買藥材需用。

初五日。委行人往探花李文田寓所。回，給車夫錢文。又給發通事農富有等肆名土物、銀兩及支錢買藥材。又打發内務府推官張雅軒土物、銀兩。

初陸日。委行人通事遞將土儀送好主客司員外郎松林，不遇。回，給車夫錢文。

初柒日。飭行人往諸商户採買藥材。回館，給發車夫錢文。日晚，直館兵丁邵福壽病故，該子來請給發銀兩。

初捌日。飭行人往諸舖户看買貨項。回館，給發車夫錢文。日晚，接大使陳焞來請銀兩，仍送之。

初玖日。

初拾日。

拾壹日。

拾貳日。委行人通事遞將土儀送好醫生高思温,璧謝。回,給車夫錢文。又接大使陳焞就館,傳謂拾叁日奉大皇帝親詣大高元殿拈香,使臣至是日寅刻,應就神武門外跪迎送等因。臣阮思僩偶感風寒,嗽咳頭疼身痛,難堪趨候,經由主客司稟告。

拾叁日。寅刻,臣黎峻、臣黄並各具朝服,隨大使陳焞等就神武門外直候。卯刻,奉大皇帝駕至,臣等跪送于御道右。駕過,站立。駕回,跪迎。事清,回館。給發神武門候房兵丁及車夫錢文。午刻,接尚膳司楊永福、宜連奎等遞將羊肉各項餅就館,傳稱奉大皇帝頒賜。臣等具朝服于館中拜領訖,仍給發差人銀兩、土物、錢文。又給發車夫錢文,買書籍載回,並買藥材服用。

拾肆日。

拾五日。委行人通事遞將土儀、銀兩送好委員王復吉,登盡。給發車夫錢文。又買書籍載回公館,給發車夫錢文。

拾陸日。

拾柒日。委行人通事遞將土儀、銀兩送好主客司主事王福保,璧謝。給發車夫錢文。

拾捌日。

拾玖日。飭行人往諸舖户看買書籍,載回公館。給發車夫錢文,並换兑銀兩,取錢需用。

貳拾日。館中茶房、厨房、兵丁辦祈安禮,給送銀兩沉香。

貳拾壹日。接主客司移付,本年叁月貳拾叁日萬壽聖節，陪臣應由東長安門進天安門、端門，在午門前隨班行禮。又内閣片，交於本月貳拾貳、貳拾叁日，又入寧壽宫聽戲。此貳日寅刻，應由東長安門進天安門、端門，出協和門，入寧壽宫聽戲等因。又午刻接大使陳焞等五員，遞將賞項就館頒給。臣等具朝服拜領。事清，給發該等員及擡夫土儀、銀兩。再委行人就探花李文田寓所問好。回館，給發車夫錢文，並買藥材服用。

貳拾貳日。寅刻，臣等各具朝服，隨四譯館大使陳焞等就東長安門下車，入天安門、端門，端門外天安門内左爲太廟，右爲社稷。午門門内正中爲太和殿。門有中左右叁門，轉左出協和門，過文華殿西垣，至錫慶門外兵舍小歇。辰刻，入寧壽門，過皇極殿右直房，賜早飯，訖，由右轉養性殿門前，至寧壽殿前太[1]監房直候。久之，大皇帝並兩宫皇太后駕到，由養性門入，門前設大樂壹部，叁宫駕過，各鳴擂壹次。少頃，歌鼓作。有敕宣召禮部左侍郎察杭阿經引就閲是樓之西廊，列坐階上。察杭阿坐毡，第壹；臣等繼列其次。入坐，先叩首而後趺坐。午後，賜點心、糖果及奶茶。未末，歌闋將終，自《萬壽祥開》至《吉祥獻壽》，凡拾叁齣，終曲，凡拾有捌刻壹分。敕賜歸，百官趨出。臣等亦出，尋舊路回館。晚分，接館使陳焞等遞到行人隨人等賞項頒給。臣等飭該等各具冠服拜領，事清，給發來人土儀、銀兩，又支錢買油紙、鐵器，以備辦箱函。

【校勘】

[1] 太：底本原作"大"，今據文意改。

貳拾叁日。寅初刻，臣等具朝服隨四譯館大使陳焞、譯字生翟作霖等就午門前直房竚候。辰刻，聞放砲聲玖。館使譯字生等引到午門前右邊排班，諸王及貳品以上官班乾清門外，叁品以下則班在午門外。時午門正中門不開，門外亦無人贊唱。忽見前列人等匆匆跪叩，臣等據通事人等傳言，亦隨人跪叩。方禮拜間，見觀者亦有擁擠行間，文員亦有混列右班。朝會大禮如此不整，亦壹異也。禮畢，復由協和門入寧壽宮右直房早飯罷，禮部右侍郎温葆深江蘇上元縣人，壬午進士。引到太監直房竚候。辰末，大皇帝並兩宮皇太后駕過，鼓樂作，奉敕宣召，仍照次列坐。遥見正殿中間施榻壹，上施青綢帳，兩宮立帳前看戲，御前諸大臣、太監等趨侍如常，儀節極簡易。方兩宮駕過養性時乘步輦，百官兵丁環立御道邊，亦不聞有呵止遮攔者。宫殿規制極高廣，而無錦繡珠玉之飭，殿壁[1]窻槅盡糊白紙，簾帳只用青布緣而已。宣宗恭儉之化，蓋宛然猶存。午賜點心、奶茶畢，再蒙賜臣等每人鑲玉如意壹柄、白玉瓶壹件、鼻烟壺壹件、瓷器花瓶壹件、赤綫壹盒、荷包肆件、花綢貳疋。時侍宴諸臣亦同受賜。是日歌闋自《福禄壽》至《萬壽無疆》，凡拾貳齣，終曲約亦拾捌刻。未初刻，樂闋，叩首趨出。回館，給發直候之尚茶尚膳兵丁土儀、銀兩，及給發擡遞賞項兵丁、車夫錢文有差。

【校勘】

[1] 壁：底本原作"璧"，形近致誤。今改。

貳拾肆日。委通事遞呈護貢李均，訂以明日到該員寓所拜會。辰刻，接太監周姓薛姓貳名遞將食品到館送好，璧謝，仍給以土儀，並給擡夫錢文。

貳拾五日。飭委行人通事遞將土儀、銀兩送好新授館卿裕長由舊館卿裕寬升補福建鹽法道。及主客司員外郎松林，該貳員均璧謝。給發車夫錢文。嗣接序班翟作霖就請土儀,給發事清。午刻,臣等就李道臺寓所拜會,該員商謂,今回期夏天炎熱,行到新鄭,應改路直去樊城,登舟下漢口,可省柒捌日旱路之勞,業已字寄直隸藩臺妥辦。再言此次納貢,禮部司並内務府人員因以四貢並進,索陋規銀至肆百兩之多,該員不免冤償各等語。款茶訖,辭回。給發車夫錢文,又買鐵釘、松油,補辦箱函。

貳拾陸日。委行人通事遞將土儀、銀兩贈好主客司主事王福保,璧謝。臣等相商,去日李均所言冤償銀兩壹款,他既明言,豈應恝然。因委送銀壹百兩助費,並遞絹、紈、象尾毛各色送好,並收。給發車夫錢文,又兑銀兩,取錢需用。並支錢雇匠染絹。由打發絹項日久,間有浸污,改染備發。買糯米炒貯養各項參。

貳拾柒日。

貳拾捌日。委行人通事遞將土儀贈好武護貢岳齡,璧謝。再委行人往探花李文田寓所,均給發車夫錢文。又買油紙、松油、桃色紙各項需用。申刻,接主客司移付,敘來月初壹日孟夏時享太廟,前期,本月叁拾日大皇帝親詣行禮,陪臣應進在午門前跪迎後跪請聖安,准是日丑刻派員照料陪臣等前往等因。

貳拾玖日。

叁拾日。丑刻,臣等具冠服,隨四譯館大使陳焞等經引前往午門前恭候。辰刻,奉大皇帝駕出,禮部侍郎宗室綿宜帶引臣等跪送于御道右,駕[1]過,站立。頃間禮成,駕回。臣等跪于御回道右。禮部侍郎宗室綿宜跪奏越南國使恭請聖安回國,奉傳旨寄問我皇上安好,臣等叩首,仍跪。駕過,臣等站興,退回公館。給發午門朝房兵丁及車夫錢文。午刻,接尚膳司柏唐阿王慶廣、圖吉林等遞將羊肉、麵餅各項傳旨頒賜。臣等具朝服拜領訖,給發差人土物、銀錢。巳刻,往探花李文田寓所拜會,款茶訖,設酒席。罷,辭回。給發車夫錢文。

【校勘】

［1］駕:底本原文衍一“駕”字,今删其一。

肆月小

初壹日。探花李文田委人就館省問,給許來人土物。

初貳日。委行人到李文田寓所,又委就舖增買藥品、茶葉各項,並支出銀兩换兑錢需用。給發車夫錢文。

初叁日。早,雇木匠買鐵釘補辦箱擡,再委行人就李文田寓所。又昨日借綢緞店陳如山封卷賞項錦緞,給發土物,並李道臺人來,送以蠟盂貳只。是日接主客司移付四譯館,敘本月初五日辰刻臣等應就午門前領賞。

初肆日。增買皮箱、劄子、麻繩、油紙,整備賞項箱函,又支出錢文還節次買藥材並買油辛貯各項參。

初五日。辰刻,臣等具朝服率行隨人等同大使序班陳焞等,前就午門竚候,拜領賞項。照見午門前正中間預設敕書案,賞項各桌設于前甬道之左,弁兵排列齊肅。巳刻,禮部右侍郎温葆深、館卿裕長及鴻臚寺官、禮部司員侍儀科道,各于甬道東立班。臣等率行人等同文武護貢、内通事于甬道西排班,鴻臚滿序班鳴赞行叁跪玖叩訖,臣等再跪,主客司員外郎松林恭捧敕書筒轉交大使陳焞捧授,臣黎峻接捧加額訖,交行人祗領。臣等各前進數拾步,禮部司員再恭捧賞項交訖,臣等退出原班。再行叁跪玖叩禮訖,趨出,奉收賞項回館,再行點檢敕書、賞項,歸置清妥。給發車夫、擡夫錢文，並給發大使序班等銀兩。日晚，接見主客司移付本月初拾日出京。

初陸日。飭行人檢度賞項錦緞，借緞舖人包卷，木匠製辦箱擡[1]，並買麻繩、鐵釘、油紙各項，藉列箱内尊置。

【校勘】

[1] 擡：底本原作"跌"，或因音近而誤，書中多"箱擡"連用，今改爲"擡"。

初柒日。打發公館厨房、茶房、聽差、把門、更守，並護貢親兵、文護貢家丁等銀兩、土物有差。又接禮部司員遞將公文到館，送好土物銀兩。主客司移付四譯館，敘本月初玖日巳刻陪臣應就禮部領宴，再是日給發行隨人等，並願從水手等名銀兩有差。

初捌日。打發内務府白黄旗護軍校、内地通事、護貢岳齡、委員王復吉、兆慶家人等名銀兩，再支出銀錢辦買物項，雇工結束箱擡。

初玖日。臣等率行隨人等具朝服赴禮部領宴，其儀注設青布幕于部堂庭前之右，中設黄案壹，南向，由部堂西向，故于右邊設案南向。設拜位三。禮部萬尚書第一，李道臺第二，陪臣第三。堂之正中間及右邊設桌宴八，禮部堂官率同臣等詣黄案前，鴻臚寺序班鳴贊，行三跪九叩禮訖，序班贊"請大人升堂就宴席"。先奶茶，次酒叁行，既畢，起，行謝宴一跪叁叩禮。趨出，具帖稟禮部堂官辭回。事清，回館。給發車夫及禮部茶房土物、錢文。午刻，接禮部差人遞到原宴桌三，給發土物、錢文。又序班大使家人肆名來，請給發土物、銀兩。未刻，提督四譯館卿再遞宴品拾五桌，内使部八桌，内伴送官及通事七桌。就館排列。臣等率行人等具朝服行三跪九叩禮奉領訖，給發差人土物、銀兩。又館中厨房頭目貳名、長夫貳拾肆名，給發土物、銀兩有差。是日，委行人分就館卿及主客司員外、主事呈帖辭回。給發車夫錢文，支出銀兩换兑錢需用。

初拾日。早，飭將象尾毛、象牙盞送好内務府專辦主事貳員、筆帖壹員，並登。大使序班等名同就公館敘别，請給許銀兩。午刻，接護貢委員王復吉、兆慶等就公館，詳稱，今日出京，但兵部照給車叁輛，他雇現未足數，宜就城外店一宿，明早起行，至良鄉縣，另由該縣换給車輛。臣等一面飭雇短車馬匹，轉送箱擡出城外永升店停住，一面支出銀兩交王委員認雇車輛、馬匹，以備次日前往良鄉。既抵店，支出銀兩、錢文交店主照辦晚飯，並給車夫錢文。

拾壹日。車輛、擡夫欠數，再支銀增雇車輛、丁夫擡遞。又去日雇車，未及進行，車夫等要騾馬、車夫食物，給許錢文，並支銀兩辦朝飯及兑换錢文需用。巳刻，進行。午到盧溝橋暫停，辦買食物。戌刻，到良鄉縣城外北關店停住。敕授文林郎賜進士出身署知縣毛璋具帖問好。

拾貳日。良鄉縣並無供應，支銀辦買食用，並去日長夫隨看箱擡給發錢文。又護貢官原無領兵部憑，該縣只給夫馬，不肯給車擡遞，要索銀兩，方咨前路各縣備給車馬。護貢官委通事農富有、李長發來，以情告，求助銀叁拾兩送縣員。因委録事吴文貴遞將銀叁拾兩，助辦車馬，以便來日進行。

拾叁日。給發良鄉縣辦差、店主土物、錢文，並許長夫貳名銀兩，隨看箱車。未刻，進行。亥刻，到涿州城外南關店停住。

拾肆日。涿州無供應，支出銀兩辦買食用，並换兑銀兩,取錢需用。嗣該州給車夫錢未清,申末進行,至拾五日丑刻到定興縣城停住。

拾五日。給發定興縣聽差錢文。辰刻,進行。申刻,到安肅縣城外北關店停住。

拾陸日。給發安肅縣辦差銀兩。辰刻,進行。申刻,到直隸省城清苑縣西定門店停住。委通事具帖稟到。給發車夫錢文,並支出銀兩换兑,取錢需用。

拾柒日。臣等具朝服晋謁直隸督部堂曾國藩,延入花廳,臣等行壹跪叁叩禮。督堂答揖,立不受拜。就坐款茶,隨事問答,事清,返回。再具帖委通事拜請辭回。給發車夫錢文,並買麻繩、油紙、鐵釘各項,補助公箱及轎子,又給發看守坐轎土物、銀兩。

拾捌日。早,清苑縣將轎子换給臣等並行人乘坐。嗣接督部堂委將楹聯贈好,臣等認領。事清,送好委員並給發該縣辦差土物、銀兩、錢文有差。巳刻,進行。未刻,到滿城縣方順店中伙。誥授朝議大夫知滿城縣事胡壽蒿具帖問好,委遞將酒席款頓。事清,給發該縣辦差土物、錢文。是刻,進行。酉刻,到望都縣城外東關店停住。

拾玖日。給發望都縣辦差土物、錢文。辰刻,進行。申刻,到定州西關店停住。

貳拾日。給發定州辦差土物、錢文。辰刻,進行。申刻,到新樂縣城外北關店停住。委行人通事遞將土物贈好直隸省派護送錢慶培,登絹、桂貳色,餘璧。

貳拾壹日。給發新樂縣辦差錢文。辰刻,進行。申刻,到正定府城崇因寺停住。酉刻,通言武登瑹病劇身故,具帖委呈護貢官及正定縣員,併將銀兩遞將縣員,恃辦該名身後事宜,及雇夫遞將該棺柩隨回。縣員夏獻烈即飭支辦。至如銀兩，璧還不受。給發車夫錢文，再支錢辦買物項隨殮武登珶。

貳拾貳日。給發[1]寺僧、辦差、人夫土物、銀兩、錢文有差。又具帖委將土儀贈好知正定縣夏獻烈，登象牙扇、象尾毛、玳瑁蠟盞叁色，餘璧。巳刻，進行。酉刻，到欒城縣城南關店停住。

【校勘】

[1] 發：底本原作“登”，形近而誤。據上下文改。

貳拾叁日。給發欒城縣辦差土物、錢文。辰刻，進行。未刻，到趙州城考試院停住。支出銀兩换兑，取錢需用。

貳拾肆日。給發趙州辦差土物、銀兩。辰刻，進行。申刻，到柏鄉縣城外南關店停住。

貳拾五日。辰刻，進行。未刻，到内邱縣城内中邱書院停住。

貳拾陸日。給發内邱縣辦差、茶房、聽差土物、銀兩。辰刻，進[行][1]。未刻，到邢臺縣城外南關店停住。

【校勘】

[1] 行：此字底本原無，語氣短促，據文意補“行”字。

貳拾柒日。給發邢臺縣辦差、茶厨房土物、銀兩。辰刻，進行。申刻，到永年縣城臨洺關公館停住。

貳拾捌日。永年縣缺供應，支錢辦買食用。辰刻，進行。午刻，經過邯鄲古觀小憩。給發觀中道士錢文。申刻，到邯鄲縣城外南關店停住。支銀兩换錢需用。

貳拾玖日。文護貢李均攖病，不堪進行，仍留停住。支錢買藥材需用。

五月小

初壹日。接委員王復吉、兆慶等就館,詳謂今日李道臺病症現在沉重,經商委岳參將同兆委員先行護送貢部等語。臣等就李道臺寓所省探,事清,回館。給發差役土物、銀兩。辰刻,進行。申刻,到磁州城公館停住。

初貳日。早,給發磁州差役土物、銀兩。辰刻,進行。申刻,到彰德府安陽縣城外公館停住。支錢增買藥材,兑换銀兩,取錢需用。

初叁日。早,給發安陽縣差役銀兩、錢文。辰刻,進行。午刻,到岳廟停歇,接湯陰縣辦差遞將酒席。給發差役土物,並支銀兩薦香。是刻進行,申刻,到直溝驛公館停住。

初肆日。早,給發湯陰縣差役土物、銀兩。辰刻,進行。申刻,到淇縣城郭外停住。支出錢文增買藥材需用。

初五日。早,通事農富有等遞帖賀端陽節,給發銀兩並給許淇縣差役銀兩錢文。辰刻,進行。申刻,到衛輝府城外斌元店停住。具帖禀岳參府並所在府縣,請留等待護貢李道臺抵到,一路同行。據覆,均稱應即進行。仍給發車夫錢文,並支錢辦買竹繩結包箱擡堅固。又兑换銀兩,取錢需用。

初陸日。早,給發汲縣差役銀兩、錢文。辰刻,進行。申刻,到新鄉縣城北門店停住。

初柒日。早,給發新鄉縣差役銀兩、錢文。支錢買繩索結包轎子。辰刻,進行。申刻,到獲嘉縣亢村鎮停住。

初捌日。早,給發獲嘉縣差役銀兩。辰刻,進行。午刻,過黄河。申刻,到滎澤縣草村坡停住。

初玖日。早給發滎澤縣差役銀兩、土物。辰刻，進行。未刻，到鄭州城西關公館停住。

初拾日。早，給發鄭州差役銀兩、錢文。辰刻，進行。午刻，到郭店驛停歇。新鄭縣員委送酒席款頓。給發差役［錢］[1]文。是刻，進行。酉刻，到新鄭縣城公館停住。

【校勘】

［1］錢：底本原無，據文意補。

拾壹日。早，給發新鄭縣差役銀兩、錢文。卯刻，進行，改從新路。申刻，到長葛縣石固馹公館停住。是日，行陸拾里。縣員鐘燿南具帖問好。仍委行人通事將土物贈好該縣員，並護送之知懷慶府事馬先登、襄城營都閫府郭仁，均璧謝。給發擡夫錢文。

拾貳日。早，給發長葛縣差役銀兩。卯刻，進行，五拾里至潁橋鎮襄城縣界。中伙。給發差役錢文訖，進行，肆拾里至酉刻到襄城縣公館停住。縣員高敬爔具帖問好。

拾叁日。早，委行人通事遞將土物贈好襄城縣員，並璧。仍給發擡夫並差役土物、錢文。辰刻進行，陸拾里，未刻至葉縣公館停住。縣員歐陽霖具帖問好。委行人通事遞將土物贈好，並璧。給發擡夫錢文。

拾肆日。早，給發葉縣差役土物、錢文。因以欠給車輛，等待至午刻進行，陸拾里，酉刻，到保安驛停住。屬葉縣。

拾五日。早，給發該館差役土物、錢文。卯刻進行，陸拾里，申刻到裕州城北貳里新街舖公館停住。知州沈祥年具帖問好。

拾陸日。早，委行人通事遞將土物肆色各叁，贈好裕州員。並登。給發該州差役土物、錢文。是日，州員辦給車輛未及，仍留一宿。

拾柒日。早，增給館中差役銀兩。辰刻進行，陸拾里，未刻至博望驛停住。屬南陽縣。兑换銀兩，取錢需用。

拾捌日。早，給發在館差役錢文。辰刻進行，陸拾里，酉刻至南陽府南陽縣郭外東關店停住。府員劉拱辰[1]、縣員李澍、鎮營郭勒明安各具帖問好。

【校勘】

[1] 辰：底本原作"宸"。今改。説見《燕軺筆録》校記。

拾玖日。恭遇聖壽節，飭辦燈炮慶賀。連日雨行，箱擡尚未齊到，因留停住，並支錢辦買食用及買桃色紙。兑换銀兩需用。

貳拾日。臣黎峻感冒頭疼身痛之症，並行隨因遇雨濕，亦有感冒。具禀護貢等員，請留住三四日，稍減進行。仍委行人通事將土物贈好府縣並協鎮等員。府員劉拱辰登象牙酒盞、玳瑁蠟盝、土綢、土布肆色各叁；縣員李澍登象牙酒盞、玳瑁蠟盝貳色各叁，土綢、土布貳色各壹；協鎮王萬釗登玳瑁蠟盝叁只。仍給發轎夫錢文，並支錢辦買食用。日晚，府員委人送詩八章，並贈尚書籍、摺扇並糖瓜果各項，給發來人土物、錢文。

貳拾壹日。仍留住。换兑銀兩辦買藥材，並買辦食用。

貳拾貳日。留住。辦買食用。日晚，府員委遞對聯、銀絲麵、冬青木[1]筯各項贈好。給發來人銀兩錢文。

【校勘】

[1] 木：底本原作"水"。冬青，木名，當作"木"，《燕軺筆録》即作"木"，據改。

貳拾叄日。早，給發南陽縣差役並店主錢文。辰刻進行，陸拾里，申刻至林水驛停住。屬南陽縣。

貳拾肆日。早，給發差役。事清，辰刻進行，陸拾里至新野縣城外南關停住。縣員潘鍾瀚、武德騎尉南陽鎮新野營張必順具帖問好。

貳拾五日。早，委行人通事將土物贈好新野縣員，並璧。給發館中差役土物、銀兩。辰刻進行，柒拾里，申刻至吕堰驛停住。屬襄陽縣。接湖北襄陽府知府恩聯委員遞帖問好。

貳拾陸日。早，給發差役。事清，辰刻進行，陸拾里，申刻至襄陽府樊城公館停住。接誥封建威將軍特授湖北提督全省軍門執勇巴圖魯江長貴、資政大夫湖北安襄郧荆兵備道法什尚阿巴圖魯歐陽正墉、知襄陽府事恩聯、知襄陽縣事宋熙曾、昭武都尉湖北襄陽衛郭式浚，各具帖問好。又换兑銀兩需用。

貳拾柒日。早，委行人通事將土儀贈好湖北安襄郧荆兵備道歐陽正墉、知襄陽府恩聯、知縣宋熙曾，均璧。給發轎夫、車夫錢文。是日，轎夫辭回，給發錢文。

貳拾捌日。早，委行人通事將土物贈好提督江長貴，並璧。仍飭點檢箱擡，事清，日暮下船。

貳拾玖日。早，原住[1]公館之連升店主並馬夫、擡轎夫各具帖來拜，給發土物、錢文有差。换兑銀兩，增買藥材隨船備用。

【校勘】

[1] 住：底本原作“往”，據文意改。

陸月大

初壹日。停留津次。接護貢李道臺帖，報已抵公館。仍委行人通事具帖問好。又兑换銀兩需用。

初貳日。李道臺就船拜會，述敘該員病情，及途中行走勞苦，仍訂以來日開船。款茶訖，該員辭回。仍支錢文給發船户。

初叁日。給發襄陽縣聽差及茶厨房應役公館錢文。巳刻，開船。申刻，到小河口，遇雨停泊。約得玖拾里。

初肆日。卯刻，開船。行約叁拾里。巳刻，到宜城縣游灣津次停泊。去縣城叁里。誥授奉政大夫知宜城縣事謝蘭、誥授武德騎尉分防宜汛千總李萬富均具帖問好。仍委行人通事具帖遞土儀送好。縣員璧謝，委人遞送酒席。給發辦差、擡夫土物、錢文有差。

初五日。辰刻，開船。江水漲溢。行約壹百里。申刻，到鐘祥縣安陸府附郭。倒河坡津次停泊。去縣城拾里。誥授朝議大夫知安陸府事劉綮、誥授奉直大夫知鐘祥縣事張銘焕各具帖問好。該縣員又委遞送酒席款頓。

初陸日。大雨，仍留停泊。委行人通事具帖遞將土物送好府縣等員，均璧謝。給轎夫錢文。

初柒日。卯刻，開船。行約壹[1]百拾里。申刻，到荆門州沙洋津次停泊。去州城壹百貳拾里許。誥授朝議大夫署荆門直隸州潘亮功具帖問好，委送酒席款頓。仍委行人通事具帖遞將土儀送好該州員，盡璧。

【校勘】

［1］壹：底本原作“叁”，本書所記日行最多二百里，《燕軺筆録》同日作“行百十里”，據改爲“壹”。

初捌日。給發荆門州辦差土物。辰刻,開船。行約叁拾里。午刻,到京山縣多寶灣津次停泊。去縣城壹百肆拾里。誥授奉政大夫知京山縣事張金瀾具帖問好,遞將酒席款頓。縣城路遠,仍停。送好給發辦差土物、銀兩。

初玖日。卯刻,開船。行約壹百陸拾里。午刻,到潛江縣官吉口津次停泊。去縣城貳拾里。誥授奉政大夫知潛江縣事諸鑣具帖問好,委送酒席款頓。仍委行人通事具帖將土儀送好該縣員,盡璧。仍給發辦差土物、銀兩。申刻,開船。行約叁拾里。暮到張家港停泊。屬潛江縣。

初拾日。寅刻,開船,行約壹百五陸里。至岳家口停泊。屬天門縣。湖北委員伍繼勛委送款餅。給發來人土物。誥授奉政大夫知天門縣事沈兆元、誥授奉直大夫即補知縣知天門分縣楊光杰各具帖問[1]好,又委送酒席款頓。

【校勘】

[1] 問:底本原作"門",據文意改。

拾壹日。早,委行人通事具帖遞將土儀送好貳縣員,均璧謝。給發辦差及擡夫土物、錢文。辰刻,開船,大風不能進行,仍停泊。酉刻,開船。行約壹百五里。至夜丑刻,到沔陽州漢陽府屬。麥旺嘴津次停泊。去州城柒拾里。

拾貳日。奉政大夫知沔陽州事高佐廷、文林郎判沔陽州事高衍各具帖問好,委送酒席款頓。仍委行人通事具帖遞將土儀送好,均璧謝。是日,該州給發水脚錢未清,仍留停泊。給發辦差土物、銀兩。

拾叁日。卯刻,開船。行約壹百五里。大風。午刻,泊漢川縣泮河口。

拾肆日。大風不息，仍停泊。自拾叁日至是日，辦差缺，無供應，經飭自辦食用。

拾五日。辰刻，開船。行約叁拾里許。午刻，到城隍岡，逆風，船不能進，停泊。日晚，風勢漸停，開船。行約肆拾里。戌刻，到漢川縣涓口津次停泊。去縣城壹貳里。奉直大夫知漢川縣事德廉、城守陳永福各具帖問好。仍照之自沔陽州泮河口以往，汛水漲溢，堤條決潰，民田處處淹沒，居人多于堤上移家避水。

拾陸日。早，縣員委送酒席款頓。仍委行人通事具帖遞將土儀送好該縣員，盡璧。給發辦差、聽差等土物、銀錢有差。辰刻，開船。行玖拾里。酉刻，到上湖邊停泊。

拾柒日。大風，留泊。申刻，開船。行拾里許。戌刻，諸船各隨便分泊。

拾捌日。辰刻，開船。行柒拾里。申刻，到漢口津次停泊。委通事具帖問好文武護貢員，及遞帖就省稟到。給發渡夫錢文。時漢水方漲溢，漢口四近民人多於大别山棲宿。日暮，誥授中議大夫署湖北漢黄德道鐘謙鈞、中議大夫鹽運使銜知漢陽府事艾俊美、奉政大夫知漢陽縣事濮文昶各具帖問好。該縣員委遞酒席款頓。

拾玖日。仍停泊漢陽，换給大船。給發船户錢文。湖北省按察使鄭蘭、督糧道丁守存、鹽法武昌道劉子城、候補道知武昌府事黄昌輔各具帖問好。

貳拾日。委行人通事具帖遞將土儀送好漢陽縣員濮文昶，原縣員王廷楨調補江夏縣。登象牙扇、象尾毛，餘璧。該縣員乃飭辦差民夫遞送原寄箱函各項到船交認。仍給發土物、錢文，並給渡夫遞載土儀送好錢文，又飭行人往諸舖尋買貨項。

自貳拾壹日至貳拾柒日。仍留停泊。飭往舗面尋買貨項,並换兑銀兩,支買草紙及藥材備用。洞庭廟僧人拜帖,供銀叁兩。又委通事具帖就道臺府縣等員,請辭回。給發渡夫錢文。

貳拾捌日。給發漢陽縣辦差、聽差並巡更兵丁等土物、銀兩。辰刻,移船到省城津次停泊。接文護貢李均帖,敘明日就督部堂謁見。

貳拾玖日。臣等各具朝服,晋謁湖廣督部堂李鴻章,延入花聽。臣等行禮一跪三叩。訖,督堂中坐,臣等左右環坐。督堂問本國年穀及幅員兵象之數,臣等隨事應答,茶罷,告辭。督堂寄問我皇上安好。再就謁巡撫郭柏蔭、督糧道丁守存公署,藩臬兩司並鹽法道辭不敢當。事清,回船。仍給發轎夫錢文,又支錢買桃紙備用。

叁拾日。督部員委人送贈臣等對聯,給發來人土物。再委通事遞將回摺就呈督部、巡撫、文護貢等員看閱。事清,給發轎夫錢文。

柒月小

初壹日。午刻,臣阮思僴、臣黄並同與護貢委員王復吉、湖北護送游擊余崇[1]坤登黄鶴樓。事清,給發轎夫、隨候、把門、茶房等土物、錢文有差。

【校勘】

[1] 崇:底本原作“崈”(245 頁 5 行),即“崇”字。

初貳日。早,委行人通事將回摺由省發遞,並請辭回。給發轎夫錢文,又給黄鶴樓道士募捐銀貳兩。

初叁日。仍泊。給發江夏縣辦差、聽差土物、錢銀有差。

初肆、初五等日。風逆，未能開船，仍泊。

初陸日。未刻，開船。申刻，到金口驛停泊。

初柒日。卯刻，開船。申刻，到嘉魚縣津次停泊。奉政大夫知縣事胡昌銘具帖問好。再委行人通事具將土儀贈好該縣員，登土綢、象牙酒盞各叁，餘璧。給發擡夫錢文。

初捌日。該縣員委人遞將茶果食物贈好。給發來人銀兩。

初玖日。給發該縣辦差遞送酒席款待土物、銀兩。辰刻，開船。酉刻，到新堤鎮停泊。

初拾日。遇南風，仍留泊。是日，嘉魚縣缺頓，支出錢文給辦食用。

拾壹日。卯刻，開船。酉刻，到岳州府城津次停泊。

拾貳日。扁山、湖口等廟道士具帖來請安，給發錢文。再湖北護送委員伍繼勛辭回，委行人通事具將象牙酒盞、象尾毛、象牙扇、土綢、土布五色各叁送好，盡登。

拾叁日。卯刻，開船。酉刻，到湘陰縣津次停泊。是日缺頓，支出錢文給辦食用。

拾肆日。支出銀兩換兑錢文需用，並給發船户過洞庭湖口清妥錢文，又買金銀紙、香燭謝洞庭湖廟。是日，湘陰縣員委人遞送酒席就船款頓。給發該縣辦差、擡夫銀兩、錢文有差。

拾五日。卯刻，開船。未刻，到彤鬮集，遇雨，停泊。

拾陸日。丑刻，開船。巳刻，到湖南省城津次停泊。觀音閣道士就船募[1]化，給發錢文。

【校勘】

[1] 募：底本原作"暮"，形近而誤。今改。

拾柒日。具帖委通事前就巡撫部院並布按道臺等員請謁見。

拾捌日。支出銀兩兑换錢文需用。午刻,臣等具朝服晋謁撫部院劉崑,延入花廳,臣等行一跪三叩禮訖,款茶。撫部問雲南與本國接界處江道,並問古占城、真臘地,臣等隨事應答。良久辭回。再就新布政使王文韶拜會,事清,回船。給發轎夫並撫部院堂各號房錢文。

自拾玖至貳拾壹等日,仍留泊。

貳拾貳日。具帖請辭回。再給發長沙善化貳縣辦差遞送酒席並碼頭差役等名銀兩錢文有差。

貳拾叁日。支出銀兩兑换錢文需用。辰刻,開船。酉刻,到湘潭縣城津次停泊。

貳拾肆日。該縣員委人遞送酒席就船款待。

貳拾五日。仍泊。

貳拾陸日。給發送酒席辦差、擡夫並碼頭差[役][1]銀兩錢文。辰刻,開船。酉刻,到下灣塘停泊。

【校勘】

[1] 役:底本原無,據文意補。

貳拾柒日。卯刻,開船。酉刻,到昭陵灘停泊。

貳拾捌日。卯刻,開船。酉刻,到灣洲塘停泊。

貳拾玖日。卯刻,開船。酉刻,到衡山縣津次停泊。

捌月小

初壹日。早,朝議大夫知衡山縣事李惟丙具帖問好,並委人遞將酒席就船款待。

初貳日。仍留泊。自初壹日至本日縣員缺頓，支錢給辦食用。

初叁日。辰刻，開船。酉刻，大雨，分泊智公塘、度光舖兩處。

初肆日。寅刻，開船。申刻，到衡州府城津次停泊。中憲大夫湖南衡永郴桂道陳象沛、通議大夫鹽運使銜即補道知湖南衡州府事張士寬、奉政大夫知衡陽縣事羅慶薌、奉政大夫知清泉縣事王開運均具帖問好。該貳縣員委人遞將酒席就船款待。

初五日。仍留泊。知衡州府事張士寬委人遞將詩集贈好臣等。給發來人土物、錢文，並衡縣辦差辭回，衡陽、清泉貳縣辦差給發銀錢、土物有差。

初陸日。仍留泊。

初柒日。早，支銀兩兑錢需用。辰刻，開船。酉刻，到荷葉灘停泊。

初捌日。寅刻，開船。申刻，到柏芳驛停泊。

初玖日。寅刻，開船。申刻，到干口塘、常林河口停泊。

初拾日。寅刻，開船。申刻，到九洲塘停泊。

拾壹日。寅刻，開船。申刻，到康家埠停泊。

拾貳日。寅刻，開船。申刻，到觀音塘停泊。

拾叁日。卯刻，開船。未刻，到祁陽縣城津次停泊。奉政大夫知湖南永州府祁陽縣事陳玉祥、敕授登仕佐郎涂鴻儒均具帖問好。該縣員委人遞將酒席就船款頓。

拾肆日。仍留泊。

拾五日。遇中秋節。内地通事及諸船户均具帖拜，給發銀兩、錢文，並給發衡陽、清泉貳縣辦差辭回及祁陽縣辦差遞將酒席銀錢各有差。又買藥材需用。巳刻，開船。午刻，到浯溪停泊。

拾陸日。卯刻，開船。酉刻，到啼水岩停泊。

拾柒日。卯刻，開船。酉刻，到冷水灘停泊。

拾捌日。寅刻，開船。未刻，到湘口去永州府城拾五里。停泊。接中議大夫知永州府事黄文琛、奉政大夫知零陵縣事歐陽平均具帖問好，並給發祁陽縣辦差辭回銀錢。

拾玖日。該縣員委人遞將酒席就船款頓。

貳拾日。給發該縣辦差遞將酒席、土物、錢文。辰刻，開船。酉刻，到仁村埠停泊。

貳拾壹日。寅刻，開船。酉刻，到石磯舖停泊。

貳拾貳日。寅刻，開船。申刻，到過河山司阜頭塘，因武護貢船擱淺壞焉，留待俱發。支出銀兩兑錢需用。

貳拾叁日。辰刻，開船。申刻，到下廠塘，江路水淺涸，船不能進，徐徐挑刮砂石，方能進舟。至日暮，仍泊。

貳拾肆日。寅刻，開船。遇雨，到廟頭塘停泊。

貳拾五日。以寒雨，仍泊。支錢買鳳尾砲、蠟燭，恭祝萬壽慶節。

貳拾陸日。卯刻，開船。未刻，泊黄沙渡山角司。湖南護送委員吕世田就船拜會，辭回。給發該護送家丁土物，事清，開船。酉刻，到梅塘灣停泊。

貳拾柒日。寅刻，開船。未刻，到全州城津次停泊。廣西護接奉政大夫補用同知徐光籲、由李道臺久病未瘳，省派徐司馬充代護送至關上。奉政大夫知州銜廣西西林縣知縣署全州王詠春均具帖問好。日暮，該州員委人遞將酒席就船款頓，又零陵縣辦差辭回，給發銀錢。

貳拾捌日。護貢李道臺就船拜會，謂承廣西撫憲經飭州員，係接使部到，改陸回廣西省，以敏行程。該員又訂以來日上公館暫歇，結束箱擡，以來月初貳日起程，良久，辭回。又給發各船户錢文有差。

貳拾玖日。州員飭轎夫等候。仍飭行人點檢箱函各項，交認擡遞，事清，臣等及行隨人等齊就州城行臺停住。再委行人通事遞將土儀贈好該州員，並護接徐光籲，該貳員均璧謝。又支錢買木函分貯物項，並給發該州辦差遞將酒席就船款頓錢文。

玖月大

初壹日。留住公館，結束箱擡。支錢辦買竹席蔽蓋箱擡。又給發館中辦差、聽差及茶房、厨房、把門、兵丁等土物、錢文有差。

初貳日。辰刻，進行。午刻，到覺山塘中伙。給發差人錢文。申刻，到咸水塘，住山棗分司公署。敕授登仕郎全州山棗分司郝毓蘭具帖問好。

初叁日。早，給發山棗分司辦差、茶房錢文。卯刻，進行。午刻，到唐家司中伙。給發差人錢文。申刻，到興安縣城行臺停住。縣員吕汝棠具帖問好。又全州護送辦差辭回，給發土物。

初肆日。早，給發興安縣辦差及茶厨房人等土物、錢文有差。辰刻，進行。午刻，到大溶江口中伙。給發差人錢文。申刻，到靈川縣城行臺停住。知縣沈藻芬具帖問好。又興安縣護送辦差辭回，給發錢文及换兑銀兩需用。

初五日。辰刻，飭行隨人等遞將箱擡就船安置。由承撫憲派船先到靈川縣迎接。日晚，水脚未清，仍泊。

初陸日。辰刻，開船。酉刻，到廣西省城馬家倉河下停泊。委通事遞帖就撫憲及省憲列臺禀到。給發轎夫錢文。

知臨桂縣員趙準具帖問好,並委遞酒席。

初柒日。仍泊。給發臨桂縣遞送酒席辦差、擡夫銀錢有差。

初捌日。午刻,臣等各具朝服晋謁撫臺,宴筵事體如初見儀。坐間撫臺傳語吴逆經馮提臺督已敗走太原,木馬城現已解圍。臣等辭回。給發轎夫錢文。頃間接見差人遞將宴筵就船款待。仍給發差人及擡夫銀錢有差。

初玖日。仍委行人通事遞帖禀布按列憲請謁,均辭不敢當。晚分,護貢徐光籲登舟,以兩廣督撫會奏吴逆奔竄高平收復摺及軍機寄抄上諭各本致撫臺意相示,且言使臣宜修啓致謝撫臺云云。給發轎夫錢文,並支錢買赤桃紙需用。

初拾日。早,委通事遞疏文,就撫臺呈閲,並將收復高平交還本國事,具啓致謝撫臺。巳刻,就原護貢員李[1]均寓所拜别,並送好土儀。該員登綢、絹、布叁色,餘璧。日晚,再委行人遞土儀送謝武護貢岳齡、委員兆慶,均璧謝。回,給轎夫錢文,並兑换銀兩需用。

【校勘】

［1］李:底本原作“柰”,誤。據《燕軺等録》改作“李”。

拾壹日。委行人通事遞將疏文,就撫臺禀請發遞,及遞帖往列憲,拜請辭回。事清,給發轎夫錢文。

拾貳日。委通事遞帖就臨桂縣員及原護貢李岳貳員,呈請辭回。給許轎夫錢文,又給發該縣辦差、聽差並更夫人等錢文有差。酉刻,移船到水東門上津次停泊。

拾叁日。辰刻,開船。未刻,到大墟塘停泊。

拾肆日。卯刻,開船。申刻,到鉛寶塘界停泊。又臨桂縣缺頓,支錢給買食用。

拾五日。寅刻,開船。午刻,到陽朔縣城津次停泊。該縣員王鎮南具帖問好,及委送酒席。給發該縣辦差銀錢。

拾陸日。寅刻,開船。午刻,到平樂府城津次停泊。府員錦成、知縣姚潤之均具帖問好。該縣員委送酒席。再,陽朔縣護送辦差辭回,給發錢文。

拾柒日。早,給發平樂縣送酒席辦差銀兩。辰刻,開船。酉刻,到大結灘停泊。

拾捌日。卯刻,開船。未刻,到昭平縣城津次停泊。該縣員吴國梁具帖問好。

拾玖日。巳刻,該縣員委送酒席。又平樂縣護送辦差辭回,給發銀兩。仍泊。又兑换銀兩需用。

貳拾日。早,給發昭平縣送酒席辦差錢文。辰刻,開船。申刻,到龍門塘停泊。

貳拾壹日。寅刻,開船。申刻,到魚梁塘停泊。

貳拾貳日。寅刻,開船。未刻,到梧州府城津次停泊。中議大夫鹽運使銜花翎升用道知梧州府劉楚英、知蒼梧縣事孫汝霖均具帖問好。該縣員委送酒席。

貳拾叁日。仍泊。飭行人往諸庯面買項及支銀兩兑换銅錢需用。

貳拾肆日。委行人通事遞將紬布、紈紙及小木棺同蒼梧縣辦差人等就阮有絢等叁故員葬所收殮遺骸,回船安置。給發辦差及民夫人等銀錢有差。又支銀雇漆匠塗治通言武登珶棺柩。

貳拾五日。辰刻,開船。酉刻,到榕潭汛停泊。

貳拾陸日。卯刻,開船。未刻,到藤縣城津次停泊。朝議大夫知梧州府藤縣事潘保泰、登仕郎知藤縣白石寨李開榮均具帖問好。

貳拾柒日。蒼梧縣護送辦差辭回,給發錢文。仍泊。

貳拾捌日。巳刻,開船。申刻,到大灣村停泊。

貳拾玖日。卯刻,開船。申刻,到白馬塘停泊。

叁拾日。卯刻,開船。未刻,到平南縣城津次停泊。縣員文滙具帖問好,委送酒席。

拾月小

初壹日。兑换銀兩需用。給發平南縣送酒席辦差錢文。未刻,開船。申刻,到古雍塘停泊。

初貳日。卯刻,開船。酉刻,到潯州府城津次停泊。知潯州府事固魯鏗、署理桂平縣事鹿傳霖具帖問好,委送酒席。

初叁日。仍泊。給發桂平縣遞送酒席辦差銀兩。又給發平南縣護送辦差辭回銀錢。

初肆日。辰刻,開船。酉刻,到官江塘停泊。

初五日。卯刻,開船。申刻,到飯蓋墟停泊。又桂平縣缺頓,支錢買辦食用。

初陸日。卯刻,開船。申刻,到貴縣城津次停泊。該縣員黄玉桂具帖問好,委送酒席。

初柒日。給發貴縣遞酒席辦差錢文。又兑换銀兩需用,並支錢買金銀紙、香燈、炮各項,以備進行禮五險灘伏波廟。辰刻,開船。酉刻,到下宋村停泊。

初捌日。卯刻,開船。酉刻,到田菜塘劉公村停泊。

初玖日。卯刻,開船。午刻,經過五險灘。飭行人等遞將香燈,詣伏波廟行謁謝禮。給發廟僧、廟夫錢文。又過灘穩妥,給發船户銀兩。事清,開船。酉刻,到曹村塘停泊。

初拾日。卯刻,開船。辰刻,到横州城津次。該州員朱爾輔具帖問[好][1],及委送酒席。

【校勘】

[1] 好:此字底本原無,據文意補。

拾壹日。兑换銀兩需用。給發該州辦差錢文。午刻,開船。酉刻,到米阜塘停泊。

拾貳日。卯刻,開船。申刻,到火煙塘停泊。又横州缺頓,支錢給辦食用。

拾叁日。卯刻,開船。未刻,到永淳縣城津次停泊。承德郎知縣事全文炳具帖問好,委送酒席。

拾肆日。給發該縣遞送酒席辦差銀錢。酉刻,移船縣城西壹里許停泊。

拾五日。卯刻,開船。酉刻,到高塘停泊。

拾陸日。遇雨。卯刻,開船。酉刻,到剪刀塘停泊。又永淳縣缺頓,支錢給辦食用。

拾柒日。連雨。卯刻,開船。未刻,到南寧府城津次停泊。知宣化縣事楊彤壽具帖問好,委送酒席。

拾捌日。兑换銀兩需用。又給發該縣送酒席辦差、擡夫銀錢,並關公廟僧來帖,給發錢文。仍泊。

拾玖日。酉刻,移船縣城西貳里馬石巷停泊。

貳拾日。辰刻,開船。酉刻,到白沙下塘停泊。

貳拾壹日。卯刻,開船。酉刻,至上凌汛停泊。

貳拾貳日。卯刻,開船。酉刻,到新寧州城津次停泊。又南寧府缺頓,支錢給辦食用。

貳拾叁、肆、五等日。仍留停泊。經具帖詳護送員緊飭開船,據覆稱,該州員給水脚錢只得拾分之叁肆,該船户不肯進行。再,供應例亦廢給。臣等商酌,支錢增給諸船户拾貳艘,每艘錢壹千文,並支錢給辦食用。換兑銀兩需用。

貳拾陸日。巳刻,開船。申刻,到埇弄塘停泊。

貳拾柒日。卯刻,開船。申刻,到馱驢塘有巡司。停泊。支出銀兩换錢給辦食用。

貳拾捌日。卯刻,開船。酉刻,到叫程塘停泊。

貳拾玖日。卯刻,開船。酉刻,到古涌塘停泊。支錢給辦食用。

拾壹月大

初壹日。卯刻,開船。午刻,到太平府城津次停泊。崇善縣知縣黄文棠具帖問好,並委送酒席。

初貳日。該縣給發各船户水脚錢未清,仍留泊。支錢辦買藥材。

初叁日。支出銀兩,换錢需用。並給發崇善縣遞酒席辦差銀兩。仍留泊。又支錢給辦食用。

初肆日。遇雨。辰刻,開船。申刻,到歌波塘停泊。

初五日。卯刻,開船。申刻,到馱棉塘停泊。又支錢給辦食用。

初陸日。卯刻,開船。申刻,到農村塘西南劒山下停泊。

初柒日。卯刻,開船。申刻,到瓜村塘停泊。又支錢給辦食用。

初捌日。卯刻,開船。申刻,到寧明州津次停泊。

初玖日。接護送委員王復吉帖,來敘該員商同州員訂以本月拾叁日開關,仍具咨文遞交州員轉發,交諒山省照辦。並給發諸船户銀兩。

初拾日。早,飭行隨人等檢撰箱擡,結束歸置,詳與州員照認。事清，給發該州辦差、茶房、把守、督辦人等土物、銀錢有差。

拾壹日。辰刻，進行。酉刻，到受降城公館停住。

拾貳日。早，給發該城辦差、茶厨房、把守箱擡人等銀錢有差。辰刻，進行。未刻，到憑祥州公館停住。支銀换錢需用。

拾叁日。早，給發該州辦差、茶厨房、聽差人等銀錢有差。辰刻，進行。未刻，到關上停住。

拾肆日。早，護貢及短送人員並臣等整備冠服竚候，清國委員捧門牌開關，候命官諒山按察使臣黄相協護遞龍亭就昭德臺，臣等行叁跪玖叩拜領敕書。事清，再换署常朝冠服遞將土物行辭别禮。清國官認取桂肉、象尾、香蠟只叁項，餘璧。並飭屬弁就認擡箱清楚，仍給發長送諸州員家丁並通事土物、銀兩有差。巳刻，進行。申刻，抵諒山省城停住。

嗣德貳拾貳年拾壹月貳拾捌日題

臣黎　峻　記

臣阮思僩　記

臣黄　並　記

附録二　異體字表

説明：

一、本表前字爲抄本原字，括號内字爲本書用字。

二、本表收録底本中常見異體字（含簡寫字），以體現當時越南人用字的特點。一些字在本書中爲某字之異體，在其他書中則未必，不可一概而論。

三、筆畫微殊或僅改變結構位置的字，及涉及新舊字形者，一般不再收録。

抬（擡）	銮（鑾）	庭臣（廷臣）
担（擔）	蛮（蠻）	娗（廷）
灵（靈）	湾（灣）	幇（幫）
辞（辭）	体（體）	関、闗（關）
庙（廟）	独（獨）	扲（擒）
称（稱）	庄（莊）	騐（驗）
尔（爾）	会（會）	菓（果）
妇（婦）	参（參）	荳（豆）
辞（辭）	芦（蘆）	华（華）
礼（禮）	徵（征）	𨛦、阳（陽）
乱（亂）	药、葯（藥）	遊（游）
双（雙）	衹（只）	碁（棋）
宝（寶）	陞（升）	竝（並）
声（聲）	瓈（璃）	竢（俟）
穷（窮）	甆（瓷）	閠（閏）
办（辦）	狥（徇）	亚（亞）

欵(款)
寔(實)
甯(寧)
囬(回)
臺(臺)
滔(酒)
嵗(歲)
逯(歸)
㐫(凶)
𤵸(死)
㝵、㥀(德)
竜(龍)
亀(龜)
紈(紈)
蒙(蒙)
據(據)
迯(逃)
盖、葢(蓋)
幀(員)
過(過)
呌(叫)
堦(階)
護(護)

舘(館)
㠯(能)
徃(往)
仸(佛)
犹(猶)
塩(鹽)
凾(函)
㤢(懷)
貼(瞻)
氷(冰)
对(對)
刘(劉)
尽(盡)
眡(矑)
昼(晝)
昼、𡱈(畫)
𢒉(飛)
黝(黝)
墖(塔)
匌(匆)
咱(聽)
厛(廳)
徵(征)

两、𠕂(兩)
泛(從)
效(數)
馿(驢)
聀(職)
禀(稟)
懔(慄)
勅(敕)
扒(援)
鼑(鼎)
譔(撰)
琹(琴)
捺(棕)
崈(崇)
窰(窑)
塟(葬)
蒔(鬱)
羊條(蕭條)
洋洒(瀟灑)
仪(儀)
𩏑(韓)
隔(隔)
鉄(鐵)